Das Außenkommando des KZ Buchenwald n Duderstadt

Schriftenreihe der Geschichtswerkstatt Duderstadt

Dieses Buch hätte nicht entstehen können ohne die Mithilfe anderer. Dr. Irmgard Seidel von der Gedenkstätte Buchenwald und Dr. Szabolcs Szita, Budapest, unterstützten mich bei der Suche nach Dokumenten ebenso wie Mitarbeiter der Gedenkstätten Yad Vashem, Bergen-Belsen und Theresienstadt. Günther Siedbürger half durch Anregungen und kritische Fragen weiter. Hans Georg Schwedhelm suchte in langjähriger Zusammenarbeit Verbindung zu Frauen, die 1944/45 im Außenkommando Duderstadt inhaftiert waren. Käthe Forgacs, Judith Nyitrai und Helena Wild gaben in ausführlichen Interviews Auskunft und nahmen dabei in Kauf, sich schwere Erinnerungen zu vergegenwärtigen. Helena Wild übersetzte überdies mehrere Protokolle aus dem Ungarischen ins Deutsche. Ursula Hütt danke ich für vielfache Unterstützung. Götz Hütt.

Götz Hütt

Das Außenkommando des KZ Buchenwald in Duderstadt

Ungarische Jüdinnen im Rüstungsbetrieb Polte

gwd

Bibliografische Information Der Deutschen Bibliothek:
Die Deutsche Bibliothek verzeichnet diese Publikation in
der Deutschen Nationalbibliografie; detaillierte bibliografische Daten sind im Internet über http://dnd.ddb.de
abrufbar.

Das Foto auf der 1. Umschlagseite zeigt
„Die geknechtete Frau" von Bernd Frerix

Fotos: Götz Hütt und
Gedenkstätte Buchenwald (1)

© 2005 Götz Hütt
Herstellung und Verlag:
Books on Demand GmbH, Norderstedt

ISBN 3-8334-2646-2

Inhalt

Polte,
Magdeburg, Poltestraße 65/91

Fernruf: 339 11, 339 91. **Drahtanschrift:** Poltewerk.
Fernschreiber: K 18 22. **Postscheck:** Magdeburg 22 22.
Gründung: 1885.
Geschäftsjahr: Kalenderjahr.
Erzeugnisse: Armaturen aus Gußeisen und Stahlguß
für Wasser, Dampf, Gas und industrielle Zwecke; Aluminium-Geschirre.
Inhaber: Frau Katharina Freifrau v. Gillern geb.
Polte; Fabrikbes. Arnulf Freiherr v. Gillern; Fabrikbes.
Dr. Martin Nathusius; Fabrikbes. Hans Nathusius,
Fabrikbes. Alfred Nathusius.
Banken: Reichsbank, Allgemeine Deutsche Credit-
Anstalt, Bank der Deutschen Arbeit, Commerzbank,
Deutsche Bank.
Anlagen: Armaturenfabrik, Maschinenfabrik, Metall-
warenfabrik.
Das Unternehmen gehört an: Wg. Eisen-, Stahl- und
Blechwaren-Industrie; Wg. Maschinenbau; Wg. Che-
mische Industrie; Wg. Metallwaren und verwandte
Industriezweige; Wg. Gießereiindustrie.

GmbH-Handbuch 1941, S. 396

1. Einleitung

Das Polte-Werk in Duderstadt war ein reiner Rüstungsbetrieb. In dem riesigen, weitläufig angelegten, 1940 - 1942 erbauten Industriekomplex am Euzenberg arbeiteten mehr als 2000 Menschen nur für den Krieg. Ihr einziges Produkt: Munition. Neben Deutschen gehörten auch viele Ausländer zur „Gefolgschaft", wie es damals hieß, also zur Belegschaft des Betriebs.

Dabei hatten nicht alle der Beschäftigten Anlass, auf militärische Siege des NS-Staates zu hoffen. Am wenigsten jene 750 jüdischen Frauen, die als KZ-Häftlinge seit Anfang November 1944 an jedem Tag gruppenweise und in Fünferreihen von einem Barackenlager aus zur Fabrik geführt wurden. Gespenstische Kolonnen müssen wir uns in der Winterdunkelheit um 6 oder 7 Uhr morgens und 18 Uhr abends vorstellen: junge Frauen zwar, aber mit geschorenem Haar, in dünner Kleidung, mit Holzschuhen und ohne Strümpfe an den Füßen, ausgehungert, manche trotz Krankheit zur Arbeit gezwungen, alle als Häftlinge gekennzeichnet – wie Aussätzige, mit denen Kontakt aufzunehmen verboten war. Diese Frauen aus Ungarn, Polen und der Tschechoslowakei hatten tatsächlich nichts mehr zu fürchten als den propagierten „Endsieg" der Deutschen. Rettung durften sie nur von den alliierten Kriegsgegnern Deutschlands erhoffen – und mussten doch Geschosse herstellen, die dazu bestimmt waren, auf ihre einzig denkbaren Befreier abgefeuert zu werden.

Kurz bevor die Amerikaner Duderstadt besetzten, wurden die Häftlinge des zum KZ Buchenwald gehörigen Außenlagers beim Polte-Werk Duderstadt noch abtransportiert: 750 Frauen von heute auf morgen verschwunden – spurenlos. Das Barackenlager – leer. Die Toten – von den Bewachern unauffindbar verscharrt. Und die Duderstädter – bald ohne Erinnerung. So wie vom Schatten der Wolke nichts nachbleibt, wenn sie weitergezogen ist.

Im Januar 1982 wurde die Stadt Duderstadt nach einem Zufallsfund um Auskunft darüber gebeten, ob es hier während des 2. Weltkrieges ein Außenkommando des KZ-Buchenwald gab. Die Stadtverwaltung konnte nur mitteilen: Davon ist uns nichts bekannt. Im Februar 1982 beantwortete der Fragesteller selbst in einem erneuten Brief an die Stadt seine eigene Anfrage: „Sehr geehrter Herr Stadtdirektor! Wie ich inzwischen herausgefunden habe, wurde ein Außenkommando des KZ Buchenwald am 4.11.1944 eingerichtet und am 5./7. 4. 1945 evakuiert." Am 9. Juni 1982 bestätigte der Stadtdirektor nach eigenen Erkundigungen diesen Sachverhalt.[1]

---

[1] Briefwechsel 1982 mit der Stadt Duderstadt über die Existenz eines KZ-Außenlagers 1944/45 in Duderstadt.

Die Wiederentdeckung des Jahres 1982, dass Duderstadt Standort eines Frauenaußenlagers des KZ Buchenwald gewesen war, führte zugleich zu der Frage, wie es möglich war, dass dieses KZ-Außenkommando in der kleinen, überschaubaren Stadt bis dahin verborgen bleiben konnte. Junge Menschen wuchsen in der Nachkriegszeit hier auf, Hinzugezogene lebten hier jahrzehntelang, ohne von diesem und weiteren Verbrechen des NS-Staates in Duderstadt auch nur die geringste Kenntnis zu erhalten. Diese Erfahrung des Verdrängens und Vergessens in dem katholisch geprägten Städtchen führte zur Gründung der Geschichtswerkstatt Duderstadt. Eine kleine Gruppe von Einwohnern stellte sich die Aufgabe, darauf hinzuwirken, dass die Geschichte der Stadt in der NS-Zeit erforscht wird. Sie wollte sich selbst auch an dieser Forschungsarbeit beteiligen, den Kontakt zu ehemaligen Häftlingen suchen und das unmenschlich Geschehene mahnend im Stadtbild sichtbar werden lassen.

Das Schweigen über Verbrechen des nationalsozialistischen Staates ist Teil der deutschen Nachkriegsgeschichte und kein auf Duderstadt begrenztes Verhalten. Und wie anderswo gelang es auch hier, oftmals gegen Widerwillen und Widerstand, dem Erinnern Raum zu verschaffen. Inzwischen gibt es Denkmale zur Erinnerung und auch Darstellungen der Geschichte des KZ-Außenlagers in Duderstadt

Die Literatur zu diesem KZ-Außenkommando in Duderstadt ist inzwischen nicht mehr leicht zugänglich und zudem durch neuere Forschungsergebnisse ergänzungsbedürftig. Deshalb ist es angebracht, eine neue, wesentlich erweiterte Veröffentlichung zur Geschichte des Frauen-Außenkommandos des KZ Buchenwald in Duderstadt vorzulegen, bewusst genau sechs Jahrzehnte nach jenen Ereignissen und der Befreiung der Gefangenen. Hauptquellen sind die Aussagen ehemaliger Häftlinge, 1945 in Budapest protokolliert, Vernehmungsprotokolle der Kriminalpolizei in Göttingen und Interviews späterer Jahre sowie Dokumente der SS.

Die Aussagen der ehemaligen Häftlinge geben das subjektiv Wahrgenommene und Erlebte der Gefangenen wieder. Von den inhaftierten Frauen hatte keine einen umfassenden Überblick über das Geschehen im Außenkommando Duderstadt insgesamt. Jede wusste eben von dem zu berichten, was sie gesehen, erlebt und erfahren hatte. Und das war bei 750 Menschen unterschiedlich. Auch die Sichtweise von SS-Aufseherinnen liegt in mehreren rückblickenden Aussagen vor. Duderstädter Einwohner haben sich als Zeitzeugen erinnert. Die SS hat genau Buch geführt; einiges davon entging der Vernichtung und erweitert das Bild, liefert Bestätigungen oder auch Korrekturen, wo die Erinnerung trügt. Hinzu kommen allgemeine Ergebnisse der historischen Forschung, die Zusammenhänge herstellen, das Bild abrunden und ebenfalls ein Korrektiv bilden für Irrtümer und Erinnerungslücken von Zeitzeugen. Wie ein Mosaik zusammengefügt, ergibt sich aus den unterschiedlichen Quellen ein detailreiches Bild dieses Frauen-Außenkommandos des KZ Buchenwald in Duderstadt. Zu diesem Bild gehören auch die Gedanken und Gefühle der beteiligten Menschen, aber nicht spekulativ hinzugefügt, sondern eben nur, soweit sie mitgeteilt wurden. Unübersehbar bleiben außerdem Lücken in dem Bild, die wohl nie mehr geschlossen werden können.

Selbstverständlich muss das Außenkommando beim Polte-Werk im Zusammenhang des Zweiten Weltkrieges und der Vernichtung der europäischen Juden betrachtet werden. Eine Erkenntnis wird dabei unausweichlich klar: Das Außenkommando in Duderstadt war ein Konzentrationslager im Kleinen unmittelbar vor den Toren der Stadt. Hier waren die jüdischen Frauen zwar nicht allein von SS-Bewachern umgeben. Kontakte mit Zivilisten ließen sich nicht gänzlich verhindern. Unter diesen Zivilisten waren auch nicht alle aus Überzeugung oder aus Angst „gleichgeschaltet". Aber das änderte nichts an der völligen Rechtlosigkeit und dem Bedrohtsein der Häftlinge. Sie mussten Zwangsarbeit leisten. Ein Menschenleben galt im Außenkommando Duderstadt so wenig wie in anderen Konzentrationslagern auch.

„Die geknechtete Frau" von Bernd Frerix

2. Die Einrichtung eines Frauen-Außenkommandos des KZ Buchenwald beim Polte-Werk

„In Bergen-Belsen blieben wir bis zum 3. November. An diesem Tag wurden wir in einen Arbeitstransport gesteckt."

Aussage von Ella Löwensohn und acht weiteren Frauen[2]

„Am 6. November brachten sie 750 von uns nach Duderstadt."

Aussage von Lucia Szepesi[3]

„Wir – Werke Duderstadt – haben mit niemandem darüber verhandelt, sie waren eines Tages da."

Erklärung des ehemaligen technischen Direktors im Polte-Werk, Ziemann, 1982[4]

---

[2] Protokoll Budapest 1945. (Zwischen Juli und Oktober 1945 hielt das damalige Nationalkomitee für Fürsorge der Deportierten in Budapest die Berichte von 25 aus Duderstadt zurückgekehrten ehemaligen KZ-Häftlingen in 12 Protokollen fest. Drei der Protokolle sind in deutscher Sprache verfasst.)

[3] Protokoll, Budapest 1945. (In den Protokollen von 1945 stimmen die Terminangaben nicht genau überein.)

[4] Aktenvermerk des Duderstädter Stadtdirektors Krukenberg 1983 über ein Telefongespräch mit Ziemann.

Auf Europakarten mit der Darstellung der Konzentrationslager samt Außenlagern ist Duderstadt nur ein Punkt unter vielen. Für jede der gefangenen Frauen aber war die Haft im Außenkommando des KZ Buchenwald beim Polte-Werk ein schweres Schicksal. Und für die Duderstädter handelte es sich um eine Herausforderung, die in der mehr als tausendjährigen Stadtgeschichte ihresgleichen sucht.

Dokumenten der SS zufolge verließ ein Güterzug mit 750 jüdischen Frauen – 747 Ungarinnen, zwei Polinnen und einer Tschechin aus Prag – am 3. 11. 1944 das Konzentrationslager Bergen-Belsen [5] und traf am nächsten Tag, eben dem 4. November 1944, auf dem Bahnhof der mitteldeutschen Kleinstadt Duderstadt ein.[6] Die Frauen wurden, wie sie das als KZ-Häftlinge kannten, von SS-Angehörigen bewacht und in Fünferreihen geordnet in ein Lager der Firma Polte geführt.[7]

Der frühere Direktor Ziemann behauptete zwar 1983[8], die KZ-Häftlinge seien für das Werk überraschend und unvorhergesehen eingetroffen. Das ist aber nicht glaubwürdig, denn die Firma Polte hatte sich auf das Eintreffen der 750 neuen Arbeitskräfte vorbereitet. Untergebracht wurden die Häftlinge in einem Barackenlager auf dem Grundstück der Möbelfabrik Steinhoff, das dem Rüstungsbetrieb zur Verfügung stand, und zwar in einem „Frauenwohnlager für die K.Z.-Frauen der Firma Polte, Werk Duderstadt". So lautete die Bezeichnung im Bauantrag des Polte-Werks für einen Zaun um das Lager[9]. Dieser Antrag mit der Ortsangabe Duderstadt und dem Datum vom 24.10.1944 wurde also bereits vor der Ankunft der Häftlinge gestellt. Dass die Duderstädter Betriebsleitung von Baumaßnahmen, die für ihren Betrieb vorgesehen waren, keine Kenntnis besaß, ist wenig glaubhaft. Außerdem hatte ebenfalls vor dem Eintreffen der Häftlinge im Polte-Werk eine Werbeveranstaltung mit einem Offizier der SS stattgefunden. Es sollten unter den Arbeiterinnen Frauen dazu gebracht werden, sich im Konzentrationslager Ravensbrück zu SS-Aufseherinnen ausbilden zu lassen, um dann die weiblichen KZ-Häftlinge in Duderstadt zu bewachen.[10] Mitarbeiterinnen des Duderstädter Polte-Werks wurden dazu nach Vorschlag durch die Werkmeister des Betriebs dienstverpflichtet. Außerdem ist der Plan, KZ-Häftlinge im Polte-Werk einzusetzen, zweifellos zuvor durch die SS in Duderstadt überprüft worden. Dazu liegen zwar keine Dokumente vor, doch war eine derartige Überprüfung unabdingbare Voraussetzung, die im Entschei-

---

[5] Kolb 2002, S. 73.
[6] Neuzugänge des KZ Buchenwald vom 24. November 1944.
[7] Interview mit Judith Nyitrai 1988.
[8] Aktenvermerk des Duderstädter Stadtdirektors Krukenberg am 4.2.1983 über ein Telefongespräch mit Ziemann.
[9] Bauzeichnung des Lagerzauns.
[10] Interview mit der ehemaligen Aufseherin U., 1989.

dungsverfahren über die Zuteilung von KZ-Häftlingen durch die SS an einen Betrieb erfüllt sein musste. Absprachen wurden bei solchen Überprüfungen ohnehin nur mündlich getroffen.[11] Es liegt daher nahe anzunehmen, dass der Bauantrag der Firma Polte für den Zaun um das Lager Teil solcher Absprachen war.

Wenn ein Betrieb KZ-Häftlinge als Arbeiter oder Arbeiterinnen einsetzen wollte, war die Vorgehensweise genau geregelt. Zunächst musste ein Antrag beim SS-WVHA (SS-Wirtschafts- und Verwaltungshauptamt) in Oranienburg gestellt werden. Ohne Antragstellung eines Betriebes wurden KZ-Häftlinge nicht zugewiesen. Das SS-WVHH prüfte den Antrag und genehmigte ihn gegebenenfalls grundsätzlich. War dies der Fall, erhielt der Arbeitseinsatzführer des nächstgelegenen Konzentrationslagers den Auftrag, die Verhältnisse an Ort und Stelle zu prüfen. Das Ergebnis wurde nach Oranienburg mitgeteilt. Aufgrund dieses Berichtes genehmigte oder verwarf dann das SS-WVHA den Antrag.[12]

Das für Duderstadt zuständige KZ war Buchenwald. Die vorgeschriebene Prüfung und Regelung der Verhältnisse vor Ort war dabei so umfangreich, dass eine Nichtbeteiligung der Betriebsleitung des Polte-Werks Duderstadt eindeutig auszuschließen ist. Der letzte Kommandant des KZ Buchenwald, Pister, hat in den Nürnberger Prozessen zur Aufgabenteilung zwischen Firmen und SS ausführlich ausgesagt. Die Firmen hatten für die Unterkunft der Häftlinge wie des Wachpersonals zu sorgen. Das Lager sollte sich in der Nähe des Werkes befinden und mit Stacheldraht und Wachtürmen gesichert sein. Die Wachmannschaften waren außerhalb der Umzäunung unterzubringen. Die Arbeitsplätze von Häftlingen und Zivilarbeitern waren möglichst zu trennen. Die Firma hatte Küchenanlagen zu stellen, gesondert für Häftlinge und Wachmannschaften. Bei Frauenaußenlagern musste der Betrieb aus seiner Belegschaft zusätzlich weibliche Angestellte oder Arbeiterinnen zur Ausbildung als Aufseherinnen abstellen. Aufgabe der SS war es, für die Wachmannschaften einschließlich eines Kommandoführers, für einen Koch und Schreiber sowie Sanitätspersonal getrennt für SS und Häftlinge zu sorgen und außerdem die Kosten für die Verpflegung zu übernehmen.[13]

Das Polte-Werk Duderstadt war also entgegen der Behauptung Ziemanns an umfangreichen Vorbereitungen für den Einsatz von KZ-Häftlingen beteiligt oder hatte davon Kenntnis. Eine andere Aussage Ziemanns dürfte dagegen zutreffend sein, dass nämlich der Antrag an das SS-Wirtschafts- und Verwal-

---

[11] Seidel 2001, S. 18.
[12] Kogon 1974 (1. Aufl. 1946), S. 278 – 281.
[13] Broszat, Martin 1984 (4. Auflage), S. 113 f. – Pischke 1992, S. 287 ff. – Ferencz 1986, S. 49.

tungshauptamt nicht von Duderstadt aus, sondern durch das Hauptwerk in Magdeburg gestellt wurde.[14] Von Magdeburg aus wurde nämlich das Zweigwerk Duderstadt weitgehend verwaltet. Neben der Planung, Durchführung und Abrechnung von Bauten, dem Einkauf des Fertigungsmaterials und der Buchhaltung war das Hauptwerk auch für die Bearbeitung von Personalangelegenheiten zuständig.[15] Überdies sagte Karl Sommer, Hauptabteilungsleiter im SS-Wirtschafts- und Verwaltungshauptamt, 1946 in Nürnberg aus: „Die folgenden Herren sind mir durch Verhandlungen über die Zuteilung von KZ-Insassen mit Standartenführer Maurer ... bekannt: ... 7. Nathusius jr. von Polte, Magdeburg."[16]

Die Aktivitäten des Polte-Werks gingen freilich über die Antragstellung weit hinaus. Es war durchaus nicht ungewöhnlich, dass sich Firmen „ihre" KZ-Häftlinge selbst aussuchten.[17] So anscheinend auch die Firma Polte in Bergen-Belsen. Im Oktober sei eine Delegation von einer Fabrik gekommen, erinnerte sich Eszter Kalisch.[18] Rozalia Popovici: „Eines Tages kamen 5 bis 6 Mann, die angezogen waren wie Jäger ... und wir wurden von ihnen ausgewählt und nach Duderstadt geschickt."[19] Käthe Forgacz gab an, es seien 4 bis 5 Männer gewesen. „Den Namen haben wir nicht gewusst. Niemand hat sich vorgestellt."[20] Eine ärztliche Untersuchung, von der Bella und Paula Sámuel berichteten, kann dagegen nur als Farce stattgefunden haben, denn andernfalls wären nicht Schwangere und sichtlich kranke Häftlinge nach Duderstadt gelangt.

Im November 1944 war es erst zweieinhalb Jahre her, dass die letzten jüdischen Einwohner Duderstadts in die Vernichtungszentren im Osten deportiert worden waren und für die Stadt damit ein Ziel erreicht wurde, welches der nationalsozialistische Staat für das ganze Deutsche Reich anstrebte: Duderstadt war im Frühjahr 1942, wie es im damaligen unmenschlichen Sprachgebrauch hieß, „judenrein" geworden.

Seit dem 4. November lebten nun wieder Menschen jüdischen Glaubens in Duderstadt. Genauer gesagt: Sie lebten am Rande der Stadt, räumlich und sozial ausgegrenzt. In dem Lager an der Industriestraße untergebracht, waren sie nicht Bürger oder zumindest Einwohner ausländischer Herkunft, sondern aller Men-

---

[14] Aktenvermerk des Duderstädter Stadtdirektors Krukenberg am 4.2.1983 über ein Telefongespräch mit Herrn Ziemann.

[15] Baranowski 1995, S. 135. - Pischke 1992, S. 288.

[16] Eidesstattliche Erklärung von Karl Sommer am 4.10.1946, Dokument NI – 1065 (Staatsarchiv Nürnberg), zitiert nach Ferencz 1986, S 273.

[17] Ferencz 1986, S. 55.

[18] Interview mit Eszter Kalisch 1989.

[19] Interview mit Rozalia Popovici 1996.

[20] Interview mit Käthe Forgács 1989.

schenrechte beraubte Gefangene der SS. Gleichwohl waren sie da, mitten in Deutschland und in großer Zahl, als Arbeiterinnen im Polte-Werk.

Rozalia Popovici: „Eines Tages kamen 5 - 6 Mann, die angezogen waren wie Jäger ... und wir wurden von ihnen ausgewählt und nach Duderstadt geschickt."   *Foto: Gedenkstätte Buchenwald*

Der Einsatz jüdischer Zwangsarbeiter in Deutschland bedeutete jedoch keine Abkehr vom radikalen Antisemitismus. Die Nationalsozialisten betrieben die Verfolgung der Juden vielmehr variantenreich unter Berücksichtigung der jeweils gegebenen Möglichkeiten und Verhältnisse. Bereits 1919 hatte Hitler in einem Brief geschrieben: „Der Antisemitismus der Vernunft ... muß führen zur planmäßigen gesetzlichen Bekämpfung und Beseitigung der Vorrechte des Juden ... Sein letztes Ziel aber muß unverrückbar die Entfernung der Juden überhaupt sein."[21] Als die Nationalsozialisten 1933 durch die „Machtergreifung" über die Staatsgewalt verfügten und die Judenverfolgung Teil staatlichen Handelns in Deutschland wurde, begannen sie sogleich, den nach ihrer Definition jüdischen Teil der Bevölkerung zu entrechten und zusätzlich durch polizeilich-administrative Maßnahmen zu unterdrücken[22] – so wie es auch in Duderstadt den Geschäften mit jüdischen Inhabern geschah.[23] Die Verfolgung der Juden wurde „zu einer gewohnten Erscheinung des deutschen Alltags".[24] Die „Entfernung" der Juden bestand zu dieser Zeit darin, sie eines großen Teils ihres Vermögens zu berauben und zur Auswanderung zu veranlassen. Es folgten später Überlegungen, die Juden an einem Ort außerhalb von Deutschland anzusiedeln. Nach dem Überfall auf die Sowjetunion 1941 wurde unverzüglich damit begonnen, gleichsam im Schatten dieses gewaltsamen und mörderischen Kriegsereignisses Juden systematisch zu töten, zunächst durch die Einsatzgruppen, später in den Vernichtungszentren.

Die ungünstige Kriegslage im Jahr 1944 machte eine Anpassung der Praxis der Judenverfolgung an kriegswirtschaftliche Notwendigkeiten erforderlich. Der deutschen Rüstungsindustrie fehlten Arbeitskräfte. Millionen deutsche Männer dienten weiterhin als Soldaten und der Zustrom von Fremd- und Zwangsarbeitern aus anderen Ländern versiegte. Deshalb wurde 1944 der Arbeitseinsatz auch von arbeitsfähigen Juden innerhalb der Grenzen des Deutschen Reiches durch Hitler gebilligt. Der Kompromiss zwischen der Vernichtung der Juden und dem Arbeitskräftebedarf lautete: „Vernichtung durch Arbeit". Gemeint war damit von Seiten der SS Vernichtung durch eine auf Dauer tödlich gedachte Zwangsarbeit[25]. – In diesem Zusammenhang ist auch der im November 1944 durchgeführte Transport von 750 jüdischen Frauen als Gefangenen der SS mit Güterwaggons ins Eichsfeld zu sehen: Es gab in Duderstadt den kriegswichtigen Betrieb Polte und auch dort fehlten Arbeitskräfte.

---

[21] Zitiert nach Krausnick 1984 (4. Auflage), S. 255.
[22] Ebd., S. 267.
[23] Schäfer-Richter 1992, S 256 ff.
[24] Krausnick 1884, S. 267.
[25] Gerlach/Ali 2004, S. 441.

3. Das Polte-Werk

„Auf dieses Ziel hatte ich meine gesamte Tätigkeit auszurichten – Industriebetriebe heranzuziehen."
Andreas Dornieden, Duderstädter Bürgermeister 1933 bis 1945,
Tätigkeitsbericht I[26]

„Ich sah Wohlstand und Familienglück in Stadt und Kreis Duderstadt einziehen und unsere Stadt von Jahr zu Jahr größer und schöner werden. Und unsere kinderreichen Wanderarbeiterfrauen, die sich in Abwesenheit des Mannes halb zu Tode schinden mussten, konnten endlich erleichtert aufatmen. Auch für sie würde das Leben erträglicher werden."

Bürgermeister Dornieden, Tätigkeitsbericht II[27]

---

[26] Zitiert nach Ebeling/Fricke 1992, S. 165.
[27] Ebd., S. 167, und zwar im Zusammenhang mit dem Bau einer Zufahrtstraße zum Polte-Werk 1939.

Der Eingangsbereich des ehemaligen Polte-Werkes heute

Als der Nationalsozialist Andreas Dornieden 1933 das Amt des Bürgermeisters antrat, war Duderstadt, was die Infrastruktur anbelangte, eine rückständige Stadt. Entsprechend arm waren die Einwohner. 1933 lebte ein Fünftel der Bevölkerung von Gelegenheitsarbeiten, dem Hausgarten und der Kleintierhaltung, ein Drittel lebte in „bescheidenen Grenzen", nur zwei Fünftel der Duderstädter hatten ein ausreichendes Einkommen.[28] Um für mehr Wohlstand zu sorgen hatte sich Bürgermeister Dornieden ehrgeizige Ziele gesetzt: die Ansiedlung von Industrie. Seit 1935 erwarb er Ackerland für ein Industriegebiet. 1937 wurde zu dessen Erschließung die Industriestraße gebaut. Als erstes Fabrikgebäude an dieser Straße entstand die Möbel- und Polsterfabrik Steinhoff, die aber nach Fertigstellung sogleich für das nächste Industrie-Projekt, das Polte-Werk, requiriert wurde.[29]

Mit dem Polte-Werk wurde das unermüdliche Werben Dorniedens für die Ansiedlung eines großen Industriebetriebes in Duderstadt von Erfolg gekrönt. Die zentrale Lage in Deutschland, der Eisenbahnanschluss und die Arbeitskräftesituation im Eichsfeld dürften die Entscheidung für Duderstadt begünstigt haben. – 1885 hatte der Ingenieur Eugen Polte in Magdeburg eine Fabrik für Messgeräte und Armaturen mit 23 Arbeitern übernommen. Er formte die Firma um zu einem Betrieb, der hauptsächlich Rüstungsgüter herstellte: Geschosshülsen, Patronen und Munitionsmaschinen. Zu Beginn der neunziger Jahre beschäftigte er bereits 600 Arbeiter. 1923 hatte die Firma 2500 Beschäftigte. Sie wurde weitergeführt durch die Witwe, dann die Töchter und Enkel Eugen Poltes in den Besitzerfamilien Nathusius und von Gillern.

Von 1940 bis 1942 errichtete die Firma Polte im Auftrag des Reichsluftfahrtministeriums in Duderstadt am Fuße des Euzenbergs eine Fabrik für Flugabwehrgranaten. Die 15 Hektar Land, die Dornieden für eine Industrieansiedlung erworben hatte, reichten dafür bei weitem nicht. Weitere 45 Hektar, 70 Parzellen, mussten gekauft oder eingetauscht werden. Für diese geheime, „staatspolitisch wichtige" Munitionsfabrik wurden auch 24 Hektar Kirchenland, insbesondere als Tauschland, benötigt.[30] 1941 wurde Richtfest gefeiert, in der zweiten Jahreshälfte lief die Produktion an; ab April 1943 wurden monatlich 800 000 bis 850 000 Geschosse hergestellt.[31] Dafür arbeiteten im Polte-Werk etwa 2400 Menschen, darunter viele Ausländer aus fast ganz Europa – Zivilisten, Zwangsarbeiter und Kriegsgefangene. 1944 sollten dann die 750 bereits erwähnten KZ-Häftlinge hinzukommen.

---

[28] Ebeling/Fricke 1992, S. 162.
[29] Ebd.. S. 166.
[30] Schreiben der Landesbauernschaft Niedersachsen vom 28. Juli und 21. September 1939 an das Bischöfliche Generalvikariat in Hildesheim.
[31] Baranowski 1995, S. 131.

	A B C D	0.1.2.3.4.5.6.7.8.9.0.1.2.3.4.5.6.7.8.9.0.1.2.3.4.5.6.7.8.9	Bei Einzelabstellung in

OOO Arb.-Gebiet

0/0478/0002   RB Nr   XI   Rü Jn

RBK
Reichsbetriebskarte

Ind.
Industrie

N1
Nebenkarte 1

Verteiler:

1	2	3	4
5	6	7	8
9	10	11	12
13	14	15	16
17	18	19	20

MB

Stand am

31.1.44

Inhaber, Geschäftsführer, Direktoren	Hausapparat
H.Mathusius "B" Magdbg.	33911
E,Ziemann "stv.B"	201
O.Schmitz	202

Wehrwirtschaftsführer mit „Wwf", Betriebsführer mit „B" bezeichnen!

Mobbearbeiter	Hausapparat
O.Schmitz	2o2

Abw.-Beauftragter	
J.Gödde	203

Arbeitseinsatzing.	
K.Schmidt	204

Werkschutzleiter	
J.Gödde	203

Luftschutzleiter	
J.Gödde	203

Ausschnitt aus der Reichsbetriebskarte des Polte-Werks Duderstadt vom 31.1.1944 (Bundesarchiv)

4. Die Verfolgung der Juden in Ungarn

„Wir lebten zu Hause unter recht guten finanziellen Verhältnissen, bis die Deutschen kamen. Die 430 Juden/Familien/ von Törökszentmiklós waren meist Kaufleute, Handwerker, kleine Landwirte, im allgemeinen gutgestellte Bürger."

Aussage von Lucia Szepesi

„In Dévaványa lebten im allgemeinen arme Juden. Sie befassten sich mit Landwirtschaft, Handel und anderen Arbeiten."

Aussage von Babetta Fuchs

„In Pestszenterzsébet wohnten ungefähr 18 000 Juden. Es waren Handwerker, Kaufleute, Ärzte, Rechtsanwälte. Im allgemeinen ging es ihnen gut. Auch uns ging es gut."

Protokoll von Erzébet und Jolán Reich

„Mich haben die antijüdischen Gesetze nicht berührt, weil man von mir nicht gewusst hat, dass ich eine Jüdin bin. Die Sachen haben dort angefangen, als in Buják von mir Dokumente erbeten wurden. Dort war das Getto im Jahre 1944 am 2. Mai, als es aufgedeckt wurde, dass ich eine Jüdin bin."

Aussage von Ilona Philipp[32]

---

[32] Protokolle, Budapest 1945.
Pestszenterzsébet: heute Pesterzsébet, XX. Bezirk von Budapest.

750 000 Juden lebten zu Beginn des Jahres 1944 in Ungarn, also im Einflussbereich, aber nicht im unmittelbaren Herrschaftsbereich der Deutschen. Sie waren zwar durch ungarische Rassengesetze als Juden klassifiziert und in ihren Rechten eingeschränkt, jedoch vor Deportationen und Massenvernichtung geschützt – wie auf einer halbwegs sicheren Insel im nach Juden durchkämmten Europa. Am 19. März 1944 besetzten deutsche Truppen die strategisch wichtigen Orte in Ungarn, um das Land daran zu hindern, einen separaten Frieden mit den alliierten Kriegsgegnern zu schließen. Sie eroberten damit zugleich den Massenmördern der SS ein weiteres großes Tätigkeitsfeld.

„Meine Kolonne fuhr hinter der 1. Panzerdivision", sagte Eichmann in den Verhören in Israel aus.[33] Eichmann führte ein Sondereinsatzkommando, das unmittelbar vor dem 19. März 1944 im Konzentrationslager Mauthausen gebildet worden war, „die erfahrensten Deportationsexperten des RSHA [Reichssicherheitshauptamt] in einem einzigen, verheerend schlagkräftigen Stab zusammengefasst. Diese Männer waren kaum eingetroffen, das deutsche Regime in Ungarn kaum etabliert, wurde der Vernichtungsprozess auch schon mit einem Tempo und einer Effizienz in Gang gesetzt, die die geballte Erfahrung mehrerer Jahre europaweiter Deportationen offenbarten."[34]

„Als wir hörten, dass die Deutschen Ungarn besetzt haben, wussten wir, dass damit schwere Zeiten auf die Juden warten würden. Wir hofften auf das schnelle Vordringen der russischen Armee."[35] Aber die Verfolger der Juden waren weitaus schneller. Am 29. März 1944 beriet die ungarische Regierung über eine im Sinne der deutschen Nationalsozialisten erforderliche antijüdische Gesetzgebung. Zum einen wurde der seit 1938 eingeleitete, aber nur zögernd vorangetriebene Verarmungsprozess in kurzer Zeit vollendet: Jüdische Journalisten, Beamte, Notare, Anwälte und Wirtschaftsprüfer wurden im März/April 1944 entlassen bzw. es wurde ihnen die amtliche Zulassung entzogen. Im April forderte eine Verordnung die Juden auf, ihr Vermögen anzumelden, wobei der Handel mit angemeldeten Vermögenswerten untersagt war. Kaum eine Woche später erlegte man den Juden auf, Geschäfte, Büros und Warenhäuser zu schließen. Danach wurden die jüdischen Bankguthaben gesperrt und sodann die persönliche Habe der Juden beschlagnahmt.[36]

Zugleich leitete die ungarische Regierung Maßnahmen ein, um die Trennung der Juden von der übrigen ungarischen Bevölkerung herbeizuführen: Am 29. März 1944 untersagte sie die Beschäftigung von Nichtjuden in jüdischen Haushalten. Im Laufe des April mussten die Juden einen zentralen Judenrat bilden,

---

[33] Zitiert nach Klewitz 1986, S. 201.
[34] Hilberg 1982, S. 559f.
[35] Aussage von Babetta Fuchs, Budapest 1945.
[36] Hilberg 1982, S. 562.

der als Vollzugsorgan die deutschen Befehle an die jüdische Bevölkerung weiterzugeben hatte. Ebenfalls am 29. März wurde verordnet, dass, vom 4. April 1944 an und von wenigen Ausnahmen abgesehen, alle Juden über sechs Jahren einen Judenstern aus gelbem Stoff, 6 mal 10 Zentimeter groß, zu tragen hatten. Diese Bestimmung betraf auch mehr als 40 000 katholische Christen, weil sie ihrer Abstammung wegen als Juden eingestuft wurden. Daraufhin schränkte die Regierung die Bewegungsfreiheit der Juden ein. Am 7. April verbot sie allen Juden das Reisen ohne polizeiliche Genehmigung. Mitte April wurde eine nächtliche Ausgangssperre für Juden verhängt.

Diese Maßnahmen bereiteten auch die ungarische Bevölkerung auf die nächsten Stufen der Judenverfolgung vor. „Die Bauern hörten auf die verfluchte Propaganda und zeigten während der ganzen Zeit eine sehr scharfe antisemitische Haltung. ... auf die Straße zu gehen war nicht ratsam, weil wir verschiedenen Beleidigungen ausgesetzt waren. Es war an der Tagesordnung, dass unsere Fenster durch Steinwürfe zertrümmert wurden."[37]

Die nächste Phase der Isolierung begann am 16. April 1944 mit einer breiten Verhaftungswelle und der Konzentration der Juden in Gettos. Ungarn wurde dazu in fünf Flächenzonen und eine Stadtzone, Budapest, eingeteilt. Die Verhaftungen begannen an der Peripherie des Landes und wurden systematisch von Zone zu Zone zum Zentrum hin fortgesetzt. Sie wurden von der ungarischen Polizei und Gendarmerie durchgeführt; die SS hielt sich im Hintergrund und fungierte als Berater.[38]

Gabriella Farkas berichtete darüber: „In Nyirkárász wurden die gegen die Juden gerichteten Erlasse von den Gendarmen durchgeführt. Sie haben uns zusammengesiedelt und anderntags nach Kisvárda gebracht. Im Getto von Kisvárda wohnten 8 500 Personen. Wir haben hier schreckliche sieben Wochen verbracht. Die Gendarmen haben jeden Tag nach versteckten Sachen gesucht und uns misshandelt. Wen sie verhörten, dessen Hände haben sie in heißes Wasser getan, ihn mit Gummiknüppeln geschlagen und ihn am Ende auch noch draußen festgebunden."[39] – Eszter Ellbogen erzählte: „Kurz nachdem die Deutschen nach Ungarn gekommen waren, hat die Gendarmerie die Juden von Vác ins Getto geschickt. Das Getto war streng durch die Gendarmerie bewacht. Zu essen haben wir nur das gehabt, was wir mitgenommen hatten. Später hat uns die Gendarmerie in Monor in die Ziegelei gebracht, wo wir unter schrecklichen Umständen waren. Die Gendarmerie hat uns grundlos geschlagen. Essen haben sie uns nicht gegeben. Auf dem Hof haben wir im Schmutz gelegen. Vier Wochen haben wir dort so unter den schrecklichsten Umständen verbracht, bis

---

[37] Aussage von Babetta Fuchs, Budapest 1945.
[38] Hilberg 1982, S. 564-566.
[39] Protokoll, Budapest 1945.

man uns einwaggoniert hat."[40] Auch Bella und Paula Sámuel berichteten von der gewalttätigen Suche nach Wertgegenständen bei den Juden, ebenso Babetta Fuchs: „Eines Tages sind die Gendarmen erschienen; diese gingen mit uns ganz erstaunlich anständig um, wir konnten alles, was wir wollen, mit uns nehmen. Sie brachten uns in ein bestimmtes Getto und wir wurden in Häusern untergebracht. In einem Zimmer waren auf ziemlich engem Raum 6 bis 7 Personen. Wir versorgten selbst unsere Familie, mittags konnte man hinausgehen, zum Einkaufen, so litten wir keine Not ... Am 26. Juni brachten sie uns in die Zuckerfabrik in Szolnok. Hier haben sie uns durchsucht und uns Geld, Schmuck und sonstige Wertgegenstände abgenommen. Hier waren wir in einer höllischen Lage. Wir hatten keine ruhige Minute und waren dauernden Quälereien ausgesetzt. Sie haben dauernd hereingeschossen, auch die Hitze war unerträglich, zu vielen Tausenden in einem Saal mittlerer Größe zusammengedrängt. Die Reichen zwangen sie durch Folter zu Geständnissen. Viele haben sie totgeschlagen. Abends nahmen sie die schönen jungen Mädchen mit, die sie für die Pfeilkreuzler [die ungarischen Faschisten] brauchten. Die eine Nacht versuchte eine junge Frau zu fliehen, aber sie wurde erschossen. – Wir waren zehn Tage dort, und als sie uns einwaggonierten, haben wir aufgeatmet, kann ich sagen."[41]

Der Transport ging nach Auschwitz. Auf die Gettoisierung folgten in der jeweiligen Zone immer die Deportationen. Nach zwei Sonderzügen, die als Voraustransporte am 27. und 28. April 1944 Ungarn mit dem Ziel Auschwitz verließen, begannen die Deportationen in Zone I am 15. Mai 1944.[42]

Der zentrale Judenrat war hilflos. Ein bereits im Januar 1943 gegründetes jüdisches Unterstützungs- und Rettungskomitee, das den Juden beistehen wollte, die aus der Slowakei, Polen, dem Deutschen Reich und dem Protektorat nach Ungarn geflohen waren, fand keine Hilfe von außen. Den Alliierten wurden vergeblich Verhandlungen zum Freikauf von Juden vorgeschlagen – Verhandlungen über die Lieferung von Waren gegen Menschen, und sei es nur zum Schein, um die Deportationen wenigstens zu verzögern. Aus eigenen Mitteln in Ungarn schaffte es das Rettungskomitee, fast 20 000 Menschen von der SS freizukaufen.[43] Die katholische Kirche setzte sich insbesondere für die nach staatlicher Definition zu Juden erklärten Menschen katholischen Glaubens ein. Ausländische Diplomaten in Budapest unternahmen Rettungsversuche.

Mehr als 400 000 Juden wurden im Zusammenwirken von ungarischer Regierung und SS aus Ungarn nach Auschwitz deportiert, bis das ungarische Staatsoberhaupt Horthy Anfang Juli 1944 weitere Deportationen verbot. Erst

---

[40] Protokoll, Budapest 1945.
[41] Protokoll, Budapest 1945.
[42] Hilberg 1982, S. 566.
[43] Ebd., S. 572 ff.

nach dem Staatsstreich der Pfeilkreuzler am 15. Oktober 1944 wurden die Deportationen wieder aufgenommen, indem man nun Juden zur österreichischen Grenze trieb und dort den Deutschen auslieferte.

Die Transporte nach Auschwitz erfolgten mit Viehwaggons. Jeder Zug war mit der trügerischen Aufschrift „Deutsche Arbeiter – Umsiedler" versehen. Die Aussagen über die Umstände der Fahrt nach Auschwitz sind in den Protokollen von 1945 ebenso wie in den späteren Interviews knapp gefasst und lassen sich in folgender Weise zusammenfassen: 50 bis mehr als 80 Menschen wurden in einen Waggon gepfercht, Männer, Frauen, Kinder und alte Leute. Sie konnten nur eng gedrängt auf ihrem Gepäck sitzen. Zu essen gab es nichts, außer man hatte noch etwas mitnehmen können. Trinkwasser war knapp. Es wurde bei Fahrtbeginn in Kübeln in den Waggon gestellt – und in einem Fall auch gleich wieder weggenommen, weil es sechs Männern gelungen war, im letzten Moment zu fliehen. Manche konnten unterwegs Wasser von ungarischen Gendarmen kaufen. In einer Ecke stand ein Abortkübel. Hitze staute sich, wetterbedingt und durch die Körperwärme der Menschen. Atemluft wurde schnell knapp; die Waggons besaßen nur kleine Fensteröffnungen und selten schob man von außen die Türen auf. Kinder weinten. Menschen fielen in Ohnmacht. So dauerte die Fahrt in das Ungewisse eines unbekannten Ziels zwei bis vier Tage. Von Toten wird in den 12 Protokollen nicht berichtet, obwohl viele Menschen bereits während dieser Deportationen aus Ungarn starben.

In einer Sprache, die bildhafter ist als die nüchterne Ausdrucksweise der Protokolle, hat der Arzt Ladislaus Szücs Erinnerungen an seine Verschleppung nach Auschwitz niedergeschrieben. Diese Darstellung drückt die Wirklichkeit von damals anschaulicher aus als sie 1945 protokollarisch zu Papier gebracht werden konnte. Deshalb sei sie hier zitiert: „Es kam der Tag der Einwaggonierung. Jetzt haben wir zum allererstenmal die SS kennengelernt. Unter ihrer Aufsicht wurden wir von den ungarischen Gendarmen wie ein Haufen lebloser Müll in die Viehwaggons hineingetrieben. Ohne Treppen mußten wir selber unsere Frauen, Kinder, Alten, Kranken in die dreckigen Viehwaggons hieven, sechzig bis siebzig in einen 10-Tonnen-Waggon. Wir klebten aneinander wie Ölsardinen. Die meisten ließen ihr mitgeführtes Gepäck liegen vor Hast und Gedränge. Hedy und ich hatten unsere Rucksäcke nebeneinander gestellt und hofften darauf, später sitzen zu können. Vorerst halfen wir, die Menschen in dieser Enge irgendwie zu organisieren. Da wir nicht wußten, wie lange die Reise dauerte, haben wir sie ermahnt, die Getränke in dieser warmen Zeit einzuteilen. Wir ahnten schon, daß wir während der Fahrt nicht versorgt werden würden. Am grausamsten war es mit den Kleinkindern und Alten. Schon nach kurzer Zeit hatten wir einen Herztoten. Die plombierten Waggons wurden nicht geöffnet; die Toten blieben bei uns. Es wurde heiß im Innenraum. Der Verwesungsgeruch machte sich bald bemerkbar. Die durch Stacheldraht gesicherten zwei hochstehenden Fensterluken langten für die notwendige Lüftung nicht. Die Getränke gingen allmählich zur Neige. An manchen Haltestellen wollten barmherzige Menschen, meist Frauen, uns etwas Obst oder Wasser durch die Luken reichen, was die Geleitmannschaft grob vereitelte. Es gab immer mehr Tote: alte Leute und Säuglinge, die meist verdursteten. Ein ständiges Stöhnen, Weinen, Zetern, Schreien hat die Menschen bis zum Wahnsinn getrieben. Wir, wie auch andere, die ihre Getränke den Kleinkindern und Kranken gaben, litten unter quälendem Durst. Jetzt ahnten schon die meisten, wohin die Reise ging; anders konnte man diese Grausamkeit nicht erklären. In der dunklen Ecke des Waggons schrie ein fünf- bis sechsjähriger Junge auf einmal mit aufgerissenen Augen wie besessen: Man führe uns in den Tod, ins Verderben, man wird uns ersticken!

Am Bahnhof Dej erkannte mich, wie ich aus der Waggonluke hinausspähte, der Stationsvorsteher, den ich einst behandelt hatte, der mir zu verstehen gab, daß wir um jeden Preis flüchten sollten, denn er wisse genau, dass man uns nach Auschwitz bringe, um uns zu vernichten. Jetzt wußten wir es genau. Das war am dritten Tag unserer Reise. Was tun? Wir haben darüber niemandem etwas gesagt. Wozu auch? Was konnten diese ausgemergelten Frauen und Kinder schon unternehmen? Wir saßen auf unseren Rucksäcken, hielten einander fest und verabschiedeten uns voneinander und vom Leben, von dem draußen tobenden Frühling mit den sogar hierher verirrten Düften, von den sprießenden Feldern, von unserer kurzen gemeinsamen Vergangenheit."[44]

Diese Ungarn-Transporte erfüllten nicht alle von der SS in sie gesetzten Erwartungen: 100 000 arbeitsfähige ungarische Juden sollten ausgesondert und im sogenannten Jäger-Programm durch die Organisation Todt für den Bau riesiger unterirdischer Flugzeugfabriken eingesetzt werden. Aber die Züge aus Ungarn brachten nur verhältnismäßig wenige junge Männer nach Auschwitz, weil die ungarische Armee Juden in Arbeitsbataillone eingezogen hatte, die in Ungarn blieben. Pohl, der Chef des SS-Wirtschafts-und Verwaltungshauptamtes, teilte Himmler am 24. Mai 1944 mit, nach den ersten Transporten sei zu vermuten, dass etwa die Hälfte der „körperlich tauglichen Zugänge" Frauen sein würden.[45]

---

[44] Szücs 1995, S. 25 f.
[45] Hilberg 1982, S 631.

Nr. 42.445
" 42.260
" 42.191
" 42.088
" 42.720
" 42.080
" 42.741
" 11.285
" 42.272

P r o t o k o l l

aufgenommen am 1. Juli 1945 im DEGOB /Heim des Landeskomitess für Deportiertenfürsorge/, Budapest, VII., Bethlen Gábor-tér 2.

Erschienen sind:

Ella Löwensohn
Geboren: 22. Dezember 1922/Budapest
Beschäftigung: Beamtin
Letzter Wohnort: Pestszenterzsébet
Getto: Pestszenterzsébet
Lager siehe unten

Erzsébet Grünwald
Geboren: 16. Mai 1903 /Zalaeger
Beschäftigung: Erzieherin /szeg/
Letzter Wohnort: Zalaegerszeg
Getto: Zalaegerszeg
Lager siehe unten

Frau Péter Friedmann
Geboren: 9. Mai 1911 /Győr/
Beschäftigung: Beamtin
Letzter Wohnort: Pestszenterzsébet
Getto: Pestszenterzsébet
Lager siehe unten

Frau Sándor Deckner
Geboren: 26. April 1910 /Dömös/
Beschäftigung: Handelsfrau
Letzter Wohnort: Pestszenterzsé
Getto: Pestszenterzsébet   bet
Lager siehe unten

Erzsébet Weiss
Geboren: 13. Mai 1908 /Kecskemét/
Beschäftigung: Beamtin
Letzter Wohnort: Kispest
Getto: Kispest
Lager siehe unten

Emma Büchler
Geboren: 15. Juni 1909 /Kispest
Beschäftigung: Näherin
Letzter Wohnort: Kispest
Getto: Kispest
Lager siehe unten

Éva Wittels
Geboren: 19. April 1928 /Szeged/
Beschäftigung: Friseurin
Letzter Wohnort: Budapest
Lager siehe unten

Kató Engel
Geboren: 13. Juli 1931 /Buda-
Beschäftigung: Schülerin /pest
Letzter Wohnort: Pestszenterzsé
Getto: Pestszenterzsébet   bet/
Lager siehe unten

Frau Norbert Halmos
Geboren: 28. April 1921 /Újkécske/
Letzter Wohnort: Budapest
Lager siehe unten

Lager: Birkenau /10. Juli bis 23. September 1944/
Bergen-Belsen /23. September bis 3. November 1944/
Duderstadt /3. November 1944 bis 5. April 1945/
Theresienstadt /26. April bis 9. Mai 1945/

Die Obengenannten geben übereinstimmend Folgendes an:

Aus den Gettos unserer Wohnorte /die Budapesterinnen aus ihren Wohnhäusern/ wurden wir am 10. Juli 1944 nach Birkenau-Auschwitz gebracht. Nach der Auswaggonierung wurden uns dortselbst alle Sachen weggenommen, wobei uns gesagt wurde, dass wir sie unversehrt zurückbekommen werden, was aber nicht geschah. Wir wurden ins Bad geführt und es wurden uns die Haare geschoren. Dann wurde eine Selektion vorgenommen, zuerst nach Männern und Frauen und hierauf wurden die Frauen in ältere und jüngere selektiert; Kinder über sechzehn Jahren konnten mit uns bleiben, während uns die jüngeren abgenommen und den älteren Frauen beigesellt wurden. Nun wurden wir auf die einzelnen Blocks aufgeteilt, wo keine Lagerstätten vorhanden waren, so dass wir auf dem blossen Fussboden liegen mussten. Wiederholt kam das Grundwasser hoch, das uns oft bis an die Knöchel reichte. Man konnte sich dann weder niederlegten noch sitzen. Erst nach fünf Wochen bekamen wir Decken, doch konnten wir sie nicht zum Zudecken benützen, da wir uns damit vor dem Regen schützen mussten. Täglich mussten wir von drei Uhr früh bis neun Uhr vormittags Zählappell stehen; viele hielten das nicht aus und es gab zahlreiche Ohnmachtsanfälle. Auch am Nachmittag gab es Zählappell, und zwar von vier bis acht Uhr. Die Tageskost bestand aus Kaffee, Dörrgemüse, die beide ungeniessbar waren, 25 Dekagramm Brot und 2 Dekagramm Margarine; zweimal in der Woche bekamen wir je einen Schnitt Salami und einmal in der Woche einen halben Löffel Honig oder Marmelade. Die Brotration verringerte sich später von Tag zu Tag. Wir hatten nur sehr wenig Geschirr und überhaupt kein Essbesteck, so dass der halbe Block aus einem Gefäss essen musste. Von den Unbilden der Witterung hatten wir sehr viel zu leiden. Der Block durfte den ganzen Tag nicht betreten werden, sondern nur am Abend zum Schlafen, an das natürlich aus den oben geschilderten Umständen nicht einmal zu denken war.

So verbrachten wir zehn Wochen, bis man uns am 23. September 1944 nach Bergen-Belsen transportierte. Wir wohnten dort in Zelten, in denen wir auf blosser Erde schliefen. Die Verpflegung war besser als in Auschwitz, nur weniger. Auch die Behandlung war unstreitig besser. In Bergen-Belsen blieben wir bis zum 3. November.

An diesem Tage wurden wir in einen Arbeitstransport gesteckt, der für die Polte-Werke, eine Patronen- und Hülsenfabrik in Duderstadt /Mitteldeutschland/ bestimmt war. Wir mussten zwölf Stunden ununterbrochen arbeiten und bekamen nur eine viertelstündige Essenspause. Das Essen bestand in einer undefinierbaren Suppe und 33 bis 38 Dekagramm Brot einmal des Tages. Die Arbeit war für uns Frauen sehr schwer, wozu noch der Umstand kam, dass die Arbeitsaufsicht SS-Männer führten, die uns mit unerbittlicher Strenge zur Arbeit antrieben. Untergebracht waren wir in Holzbaracken, die uns nur ungenügenden Schutz gegen die Kälte boten. Wir hatten heftige Luftangriffe mitzumachen, die immer stärker und immer häufiger wurden, so dass der Betrieb eingestellt werden musste und wir von Duderstadt abtransportiert wurden.

Am 5. April 1945 wurden wir einwaggoniert, wobei wir zu 80 bis 90 in einem Waggon gesteckt wurden. Abgesehen davon, dass wir infolge der Raumnot kaum atmen konnten, litten wir während der ganzen Fahrt furchtbar unter dem Hunger. Wir fuhren nämlich drei Wochen lang und bekamen während dieser Zeit so gut wie garnichts zu essen; hie und da warf man uns ein Brot in den Waggon herein, das in hundert Teile aufgeteilt werden musste. So kam es häufig vor, dass, wenn der Zug hielt und wir den Waggon verlassen durften, wir uns zu Boden warfen und Gras assen. Bei Lobositz hatten wir durch einen Fliegerangriff 7 Tote und 30 Verletzte, die später langten wir am 26. April in Theresienstadt ins Krankenhaus gebracht wurden. Schliesslich langtergebracht wurden, aber nicht arbeiten, sondern höchstens Gelegenheitsarbeit verrichten mussten. Am 9. Mai wurden wir von den Russen befreit, unter denen wir noch bis zum 15. Juni in Theresienstadt blieben. Unsere Fahrt in die Heimat währte zwei Wochen.

Dieses Protokoll wurde aufgenommen.   Ella Löwensohn, Erzsébet
von Otto Ranch   Grünwald, Frau Péter Friedmann,
                     Frau Sándor Dockner, Erzsébet Weiss, Emma
                     Büchler, Éva Wittels, Kató Engel, Frau Herbert Halmos

Protokoll, Budapest 1945 (Nationales Jüdisches Museum, Budapest)

5. In den Konzentrationslagern Auschwitz und Bergen-Belsen

„In Auschwitz angekommen wurden wir von unseren Angehörigen getrennt."

Aussage von Bella und Paula Sámuel

„Später haben wir angefangen zu fragen: Wann werden wir mit unseren Geschwistern und Eltern uns treffen? Die haben gelacht und haben auf die Flammen und den Rauch gezeigt. Dort sind eure Eltern und dort sind eure Kinder und dort sind eure Geschwister ..."

Aussage von Eszter Kalisch

„Wir haben jeden Tag das Krematorium gesehen, das Tag und Nacht gebrannt hat. Immer waren wir in Todesangst ..."

Aussage der Geschwister Eszter, Sari, Bella und Rózsi Kahan

„Als der Zug fuhr und wir Auschwitz zurückließen, habe ich gefühlt, dass ich weiter leben könnte."

Interview mit Rozalia Popovici[46]

---

[46] Protokolle, Budapest 1945, und Interview mit Rozalia Popovici 1996.

5. 01 Auschwitz

Der Schriftsteller Elie Wiesel schilderte die Ankunft ungarischer Juden, seine eigene Ankunft in Auschwitz in eindringlicher Weise[47]:

„Der Zug lief ... in einen Bahnhof ein. Wer am Fenster stand, rief den Namen der Station in den Wagen hinein:

‚Auschwitz!'

Niemand hatte den Namen jemals gehört.

Der Zug fuhr nicht weiter. Langsam schlich der Nachmittag. Dann wurden die Türen aufgeschoben. Zwei Insassen durften aussteigen, um Wasser zu holen.

Als sie zurückkehrten, erzählten sie, was sie im Austausch gegen eine goldene Uhr erfahren hatten. Auschwitz war die Endstation. Hier würde alles ausgeladen werden. Hier lag ein Arbeitslager. Gute Behandlung. Die Familien würden nicht getrennt. Nur die Jungen müssten in den Fabriken arbeiten. Die Greise und Kranken würden zur Feldarbeit eingesetzt.

Das Stimmungsbarometer stieg sprunghaft. Blitzartig fühlten wir uns von allen Schrecken der vergangenen Nächte befreit. Man dankte Gott ...

Gegen elf Uhr setzte sich der Zug in Bewegung. Man drängte zu den Fenstern. Langsam fuhr man weiter. Eine Viertelstunde später hielt man wieder. Durch die Fenster sah man Stacheldraht. Das musste das Lager sein.

Wir hatten Frau Schächter ganz vergessen. Plötzlich hörten wir furchtbares Schreien:

‚Juden, seht! Seht das Feuer! Die Flammen, seht nur!'

Der Zug hielt an, und diesmal sahen wir Flammen, die in der tiefen Nacht aus einem hohen Schornstein schlugen. ...

Wir blickten auf die Flammen in der Nacht. Ein widerwärtiger Geruch lag in der Luft. Plötzlich öffneten sich die Türen. Seltsame, mit gestriften Jacken und schwarzen Hosen bekleidete Gestalten, eine Stablampe in der einen, einen Knüppel in der anderen Hand, sprangen in den Wagen und riefen, nach links und rechts Hiebe austeilend:

‚Alles aussteigen! Alles im Wagen lassen! Wird's bald!'

Wir sprangen auf den Bahnsteig hinunter."

Derart auf der Bahnrampe des Lagers Auschwitz-Birkenau angekommen, ahnten die meisten ungarischen Juden noch nicht, was ihnen bevorstand. Eine Selektion wurde vorgenommen. Wie Anna Löwensohn ein Jahr später gemeinsam mit acht weiteren Frauen in Budapest zu Protokoll gab, wurde „zuerst nach Männern und Frauen und hierauf wurden die Frauen in ältere und jüngere selektiert; Kinder über sechzehn Jahren konnten mit uns bleiben, während uns

---

[47] Wiesel 1986: Die Nacht zu begraben, Elischa, S. 47 ff.

Die Gleisanlage in Auschwitz-Birkenau heute

die jüngeren abgenommen und den älteren Frauen beigesellt wurden."[48] Natürlich stellte sich die Frage nach dem Sinn dieser Maßnahme. Davon erzählte Judith Nyitrai: „Man hat uns gesagt: Das ist darum, weil die Alten auf die Kinder aufpassen werden. Und sie werden auch Milchkaffee bekommen und es wird ihnen viel besser ergehen. Und die Jungen, die arbeiten können, gehen auf die rechte Seite, denn dort werden sie Arbeit bekommen. – Und ganz in der Ferne haben wir große Kamine und Feuer gesehen, und dann haben wir auch gefragt, was das ist. Und man hat uns gesagt, dass dort alles verbrannt wird, was überflüssig ist in den Paketen wie Kleider und alles, wir brauchten doch dort keine Kleider."[49] Eszter Kalisch nahm den Verbrennungsgeruch wahr.[50]

Trotz der Täuschungsversuche gab es schwer vorstellbare Szenen, wenn die Familien rücksichtslos getrennt, sogar Kinder ihren Müttern entrissen wurden[51] und Menschen sich angesichts einer ungewissen Zukunft voneinander zu verabschieden versuchten. Von SS-Leuten umstellt, hatte niemand eine Chance, dieser ersten Selektion zu entrinnen.

Häftlinge des Kommandos, das beauftragt war, beim Entladen der Deportationszüge zu helfen, versuchten, „die Ankommenden unbemerkt zu warnen und ihnen in größter Hast, oft auch in Form von Beschimpfungen, klarzumachen, wie sie sich verhalten mussten, um lebend die Selektionen zu überstehen: gesund erscheinen, kein Alter unter 16 und über 40, bei Männern etwas älter, angeben und die Kinder Großeltern oder anderen übergeben. ‚Lauft aufrecht und lächelt', hieß die Losung. Viele ungarische Juden folgten halb benommen diesen Warnungen und überlebten deshalb, jedenfalls zunächst. "[52]

Ein kurzer Blick, eine Handbewegung des SS-Arztes entschied über arbeitsunfähig oder arbeitsfähig und damit über die unmittelbar folgende Ermordung oder die Einlieferung ins Lager mit anschließender Zwangsarbeit.

Die Kinder, Mütter mit Kindern, die Kranken und die Alten wurden, über die wahren Absichten getäuscht, in die Gaskammern geführt. Wer nicht mehr gehen konnte, wurde dorthin gefahren. Innerhalb von fünf Stunden nach ihrer Ankunft waren sie tot und verbrannt.[53] Ein großer Teil der Leichen wurde zur Zeit der Deportationen aus Ungarn in riesigen Gruben, auf Holzstapeln, die mit Treibstoff getränkt waren, eingeäschert. Weithin waren die Feuer sichtbar.

---

[48] Löwensohn, Protokoll 1945.
[49] Interview mit Judith Nyitrai 1988 in deutscher Sprache; sprachliche Fehler sind stillschweigend bereinigt.
[50] Interview mit Eszter Kalisch.
[51] Gerlach/Aly 2004, S. 291
[52] Gerlach/Aly 2004, S. 290 f.
[53] Gerlach/Aly 2004, S. 297.

Die auf die rechte Seite gewiesenen ungarischen Frauen mussten die in Auschwitz übliche Aufnahmeprozedur über sich ergehen lassen. „Man hat uns ins Bad gebracht, ein riesiger Saal war das. Slowakische jüdische Mädel haben dort gearbeitet. Die waren schon im dritten Jahr hier. Von diesen haben wir das erfahren, dass wir uns ganz nackt ausziehen müssen. Wir konnten gar nichts behalten von unseren Kleidern. Mit meiner kleineren Schwester haben wir begonnen, uns auszuziehen. Ein Stück habe ich lange gehalten, um davon Abschied zu nehmen. Inzwischen sind zwischen den nackten Frauen SS-Männer herumspaziert.

In einen mit Duschen versehenen Raum sind wir apathisch hineingegangen. Damals hat man meine Haare und alle meine Haare abgeschoren. Nach dem Bad hat man uns nackt und nass in den nächsten Saal gebracht. Dorthin mussten wir laufen, und dann hat man uns Kleider gegeben. Aber Unterwäsche haben wir nicht bekommen."[54]

„Meine Haare und alle meine Haare" – das heißt: Kopf- und Körperhaare wurden abrasiert. Ein einziges Kleidungsstück gab es für jede, für viele nur ein dünnes Sommerkleid sowie Schuhe. Das war alles. In den Arm wurde vielen, aber nicht allen, einigen auch später, eine Nummer eintätowiert.[55] Manchmal aber brachte man die Frauen, nachdem sie die erste Selektion auf der Bahnrampe in Auschwitz-Birkenau überstanden hatten, auch gleich ins Lager. Sie wurden – wie die Geschwister Kahan – dann erst später den Prozeduren im Bad unterworfen.[56] Das geschah immer in Zeiten, wenn an einem Tag sehr viele aus Ungarn deportierte Menschen in Auschwitz eintrafen und die Kapazitäten für das „ordnungsgemäße" Aufnahmeverfahren nicht ausreichten.[57]

Untergebracht wurden die als arbeitsfähig eingestuften Ungarinnen in den Lagersektoren BIIc und BIII, die auch „Durchgangslager" oder „Depotlager" genannt wurden[58] – Depot für die Sache Mensch, nämlich die verwertbare menschliche Arbeitskraft. Untergebracht, das hieß: 1200 Frauen in eine Baracke gepfercht, teils ohne Decke eng auf dreistöckige Pritschen gezwängt, die dennoch nicht reichten. Viele mussten daher auf dem bloßen, schmutzigen und, weil die Dächer nicht alle dicht waren, oft schlammigen Boden schlafen – soweit das ging. „Wir haben nur leise gesprochen, aber damals war das so wie ein schrecklicher Lärm. Wir haben zusammengepresst in der Koje gelegen. An Ruhen und Schlafen war nicht zu denken, nicht einmal in der Nacht. Hunderte

---

[54] Kalisch, Protokoll 1945.
[55] Vgl. Protokolle 1945; Czech 1986, S. 30; Gerlach/Aly 2004, S. 399 f.
[56] Kahan, Protokoll 1945.
[57] Czech 1986, S. 30.
[58] Ebd.

Häftlingsbaracke in Auschwitz-Birkenau heute

und hunderte Herzen haben gefragt: Wo ist meine Mutter? Wo ist mein Kind? Wo ist meine Schwester?"[59]

Judith Nyitrai traf in Birkenau noch einmal ihren Schwager. Ihr wurde ein kleiner Zettel gebracht, auf dem stand, dass er seine Familie suche. Sie wartete am nächsten Tag an der bezeichneten Stelle. Der Schwager war im Männerlager inhaftiert. Dort hatte man eines Tages bekannt gegeben, man suche Ärzte. Er war Arzt, meldete sich – und wurde zum Transport der Fässer aus den Latrinen eingeteilt. Von ihm erfuhr sie, dass auch ihre Schwester mit den Kindern nach Auschwitz deportiert worden war. Dadurch wusste sie über deren Schicksal Bescheid[60], aber möglicherweise nicht sogleich, denn viele der neu Angekommenen erkannten auch angesichts der Schornsteine, der Feuer und des Geruchs nicht oder wollten zunächst nicht glauben, in welcher Hölle organisierten Tötens sie sich befanden. Sie wurden von Mithäftlingen, die schon länger hier lebten, mit der Zeit darüber aufgeklärt. „Das Krematorium war von unserem Lager nur wenige Meter entfernt. So sahen wir, wie sie die Kranken, Neugeborenen und weiter die Alten auf Autos in das Gebäude des Krematoriums brachten; dieses sahen wir beinahe jeden Abend. Später wussten wir dann, was das bedeutet, und von da an lebten wir in der ständigen Furcht, dass sie auch uns selektieren würden und dass auch wir dorthin kämen. Selektierungen gab es häufig, aber mir gelang es Gott sei Dank immer, da herumzukommen."[61] – Judith Nyitrai dazu: „Es war immer eine Selektion. Bei jeder Selektion mussten wir uns ganz nackt ausziehen. ... Und dann hat man wieder gemacht rechts oder links. Und dann hat man gesagt: Diese Gruppe, die kann sich anziehen und wieder zurückgehen zu den Baracken, und diese Gruppe kommt mit uns."[62] Manche versuchten auch, sich vor den Selektionen zu verstecken.[63] – Die Selektionen durch die SS-Ärzte Josef Mengele und Heinz Thilo fanden im „Depotlager" wöchentlich statt.[64]

Die Demütigung der Frauen durch die immer wieder erzwungene Nacktheit ebenso wie die Angst und der Hunger wurden im Konzentrationslager ganz bewusst eingesetzt, um die Menschen zu demoralisieren, seelisch zu zerbrechen und schließlich zu vernichten. Zu arbeiten brauchten die meisten der Ungarinnen ihren Aussagen zufolge in Auschwitz nicht. Wer arbeiten musste, hatte Ziegel zu schleppen oder Erde zu tragen.[65] Täglich waren Zählappelle durchzustehen – im ursprünglichen wie übertragenen Sinne des Wortes. Von frühmor-

---

[59] Kalisch, Protokoll 1945.
[60] Interview mit Judith Nyitrai.
[61] Szepesi, Protokoll 1945.
[62] Interview mit Judith Nyitrai.
[63] Ebd.
[64] Czech 1986, S. 30.
[65] Farkas und Kahan, Protokolle 1945.

gens bis in den Vormittag hinein und dann wieder nachmittags hatten die Häftlinge, wie immer in Fünferreihen aufgestellt und oft unter Schlägen, jeweils stundenlang auszuharren.

In den Gesprächen der gefangenen und beschäftigungslosen jungen Frauen nahm, neben den Kleidern, die sie sich später kaufen wollten, vor allem gutes Essen einen großen Raum ein – was sie sich zu essen wünschten und einmal kochen würden.[66] Den Anlass dazu gab das Essen, das sie in Auschwitz erhielten. Es war der Qualität wie der Quantität nach völlig unzureichend. Morgens lauwarmes, schwarzes Wasser, so etwas wie Kaffee, mittags eine Suppe, in der auch Holz- und Kohlestückchen oder Blätter und Gras schwammen. Da Teller nicht vorhanden waren und Löffel auch nicht, musste die Suppe reihum aus den Schüsseln getrunken werden, in denen sie den Gefangenen ausgegeben wurde. Abends eine kleine Ration Brot, dazu abwechselnd ganz wenig Margarine, Marmelade, Käse oder Wurst.[67] – Die Normalkost in Auschwitz reichte für dort arbeitende Häftlinge, um drei bis sechs Monate zu überstehen.[68]

Brom hätte die SS ihnen ins Essen gegeben. Darauf wiesen Judith Nyitrai und Eszter Kalisch in ihren Interviews hin.[69] Sie erklärten damit das Ausbleiben der Menstruation bereits kurze Zeit nach der Ankunft in Auschwitz. Für diesen Essenzusatz gibt es keine Belege. Herbert Obenaus weist darauf hin, das Gerücht, die SS mische dem Essen entsprechende Wirkstoffe bei, sei auch in anderen Konzentrationslagern verbreitet gewesen.[70] Tatsächlich ist das Aussetzen der Periode wohl als Schutzfunktion des Körpers bei Stress, Unterernährung und harter körperlicher Arbeit zu erklären.

Die in Duderstadt Inhaftierten haben sich zu diesem Phänomen nicht weiter geäußert. Claudia Schlenker hat an Hand von Autobiografien festgestellt, dass die Menstruation ebenso wie ihr Verlust für Frauen in Konzentrationslagern ein besonderes Problem darstellte. Einerseits gab es keine Hygieneartikel, nicht einmal ausreichend Wasser zum Waschen. Das Ausbleiben der Menstruation bedeutete insofern eine Erleichterung. Andererseits hatte es massive psychische Probleme zur Folge. Viele Frauen fühlten sich eines Teils ihrer Weiblichkeit beraubt. Sie empfanden es auch als bedrohlich, weil damit die Angst verbunden war, es werde etwas in die Suppe geschüttet, das Frauen unfruchtbar mache.[71]

Hin und wieder wurden die Ungarinnen ins Bad geführt. Sie konnten aber vorher nie sicher sein, um welche Art „Bad" es sich handelte, ob es also wirk-

---

[66] Nyitrai, Interview 1988.
[67] Szepesi, Reich, Farkas Philipp, Fuchs und Löwensohn, Protokolle 1945.
[68] Piper 1986, S. 97.
[69] Interwiews mit Judith Nyitrai 1988 und Eszter Kalisch 1989.
[70] Obenaus 2002, S. 865.
[71] Schlenker 1998, S. 66f.

lich ein Duschbad oder eine Gaskammer war.[72] Helena Wild erzählte: „Überhaupt war das Baden das Schrecklichste. Es war mehr Tortur als Baden. Man hat uns wieder alle Sachen weggenommen, stundenlang haben wir nackt gestanden auf dem kalten Fußboden. Bevor wir von Auschwitz nach Bergen-Belsen gefahren sind, hat man uns in ein ganz anderes Bad geführt. Das war so stufenweise, Bänke wie in einem Stadion. Und wir mussten uns hinsetzen. Und dann haben wir gedacht, dass wir im Krematorium sind, dass das Ende ist. Denn früher haben wir gestanden, das Wasser ist gekommen und wir mussten wieder hinaus. Und hier musste man sich hinsetzen und wir haben warmes Wasser bekommen und Seife. Und da haben wir schon gewusst, dass nicht. ... Und dann haben wir Kleider bekommen, so genannte Kleider ..."[73] Nach Aussage von Gabriella Farkas fand das Duschen alle zwei Wochen statt. „... bei diesen Gelegenheiten mussten wir nackt die Lagerstraße entlanggehen. Nach der Desinfizierung waren wir einen Tag lang ohne Kleider und Decken. Dann wurden uns die Kleider zugeschmissen und die einen bekamen welche, die anderen keine. Es kam auch vor, dass einer zwei Kleider bekam, aber das zweite hätte er nicht hergegeben, weil wir hier Tiere waren, nicht Menschen."[74]

Die Bedingungen des Konzentrationslagers mit Hunger, Angst und vielfacher Verletzung der Menschenwürde bewirkten aber nicht nur Entsolidarisierung, sondern ebenso auch das genaue Gegenteil davon. Die Gefangenen schlossen sich zu Gruppen zusammen. Viele kannten sich ja auch von zu Hause aus. In diesen Gruppen halfen sie sich gegenseitig. Ein Beispiel dafür ist die Geschichte von Marianna Roth. Einmal wurden Häftlinge aus dem Lager BII in einen anderen Bereich von Birkenau geschickt, um Decken zu holen. Helena Wild, mit dabei, traf dort zufällig auf die fünfzehnjährige Marianna Roth, die sie aus Pécs kannte. Sie verpackte das Mädchen in einer Decke und trug es, als schleppte sie schwer an vielen Decken, in den Lagerbereich BIII. Beide blieben, gemeinsam mit drei anderen, in einer Fünfergruppe zusammen, in Auschwitz, Bergen-Belsen und Duderstadt bis zur Befreiung in Theresienstadt. Die eigenmächtige Umquartierung und der Zusammenhalt in der Gruppe dürften Marianna Roth das Leben gerettet haben.[75]

Der Weitertransport der für einen Arbeitseinsatz vorgesehenen ungarischen Juden begann zunächst nur stockend. Es gab Organisationsschwierigkeiten. Das SS-WVHH sah ein Problem bei der Überwachung der Häftlinge an ihren Einsatzorten und wollte wegen der angeblichen Gefährlichkeit der ungarischen

---

[72] Interview mit Judith Nyitrai 1988.
[73] Interview mit Helena Wild; sprachliche Fehler in dem in Deutsch geführten Interview sind stillschweigend bereinigt.
[74] Farkas, Protokoll 1945.
[75] Interview mit Helena Wild 1989.

Juden nur Gruppen von mindestens 1000 Gefangenen an Betriebe abgeben. Erst später ging die SS kooperativer auf die Bedürfnisse der Firmen ein. Zudem mangelte es an SS-Wachleuten.[76]

Um zu überleben versuchten viele, oft auch auf den Ratschlag erfahrener Häftlinge hin, ihren Abtransport in ein anderes Lager zu erreichen.[77] Dazu mussten sie wieder eine Selektion bestehen. Die Lagerälteste riet auch gegebenenfalls: „Versteckt euch nicht, es wird ein guter Transport."[78] Die Ungarinnen, die im November in Duderstadt eintrafen, waren in der Zeit von August bis September 1944, die meisten von ihnen in der zweiten Septemberhälfte, in etwa einwöchiger Bahnfahrt und mit einer für diese lange Reise knappen Brot- und Salami-Ration[79] versehen, in Güterwaggons nach Bergen-Belsen transportiert worden.

Schornsteine früherer Baracken in Auschwitz-Birkenau heute

[76] Gerlach/Ali 2004, S. 377f.
[77] Ebd., S. 399. – Interview mit Rozalia Popovici 1996.
[78] Interview mit Judith Nyitrai 1988.
[79] Babetta Fuchs, Protokoll 1945.

5. 02 Bergen-Belsen

Von August 1944 an übernahm das KZ Bergen-Belsen neben seinen bisherigen Aufgaben die Funktion eines „Durchgangslagers" für weibliche Häftlinge, die von hier aus in verschiedene Außenkommandos deportiert werden sollten. Für Gefangenen-Transporte aus verschiedenen Städten Polens und aus Auschwitz-Birkenau wurden 11 große ehemalige Schützenfestzelte aufgestellt, zusätzlich sieben Zeltplanen. Der Boden wurde mit Stroh bedeckt. Licht, Waschmöglichkeiten, Toiletten gab es nicht, sondern nur Wasser aus einem Schlauch und eilig ausgehobene Löcher im Boden als Latrinenersatz. Wegen der rasch ansteigenden Lagerstärke wurde ab 5. September 1944 mit dem Aufbau von Baracken begonnen, die aus dem Lager Plazów bei Krakau stammten. Der Zutritt zu diesem Lagerbereich erfolgte durch einen besonderen Eingang, an einem Schießstand der Wehrmacht vorbei.[80]

Nun also fuhren Züge mit ungarischen Jüdinnen in umgekehrter Richtung als in den Jahren zuvor, in denen die deutschen Juden zu ihrer Vernichtung in die eroberten Gebiete im Osten deportiert worden waren. Das letzte Stück Wegs zum KZ Bergen-Belsen mussten die Ungarinnen durch einen Wald gehen. Sie sahen Schilder, auf denen „Zum Schießstand" geschrieben war. „Da haben wir gedacht: Wieso machen sie direkt einen Schießstand für uns?"[81] – „Sind wir gegangen totenstill."[82]

Die aus Auschwitz in Bergen-Belsen eintreffenden Frauen befanden sich nicht mehr in bester Verfassung. Erzsébet und Jolán Reich trafen „entkräftet"[83] in Bergen-Belsen ein, Lucia Szepesi fühlte sich „gründlich entkräftet".[84] Dabei waren sie, nach vielen Selektionen, dem Tode wahrscheinlich wiederum nur knapp entronnen. Ende September nämlich begann die SS in Birkenau, die Lagersektoren B III und B IIc, in denen sie gefangen gehalten worden waren, zu liquidieren. Binnen 10 Tagen wurden 40 000 jüdische Frauen aus diesem Lagerbereich ermordet.[85]

Das „Durchgangslager" Bergen-Belsen erschien – im Vergleich zu Auschwitz – allgemein erträglicher. Die früher Angekommenen fanden wohl bessere Bedingungen vor als die Frauen aus späteren Transporten bei zunehmender Überfüllung des Lagers. Judith Nyitrai in deutscher Sprache: „Dort hat man uns gesagt, jetzt seid ihr in einem Erholungslager[86], weil ihr müsst ein bisschen

---

[80] Wenck 2000, S. 343ff. – Kolb 2002, S. 38f.
[81] Interview mit Judith Nyitrai 1988.
[82] Interview mit Helena Wild 1989.
[83] Protokoll, Budapest 1945.
[84] Protokoll, Budapest 1945.
[85] Czech 1986, S. 31.
[86] Tatsächlich benannte die SS Bergen-Belsen auch als „Erholungslager".

erholt werden, weil von da könnt ihr arbeiten gehen. Und für uns war das wirklich ein Erholungslager, weil gleich am ersten Tag hat jedes Mädchen ein Geschirr bekommen und einen Löffel bekommen – und Löffel haben wir bis jetzt nicht gesehen ... und dann hat schon jede Person eine Decke bekommen. Da waren wir wieder fünf zusammen mit fünf Decken. Und auf Stroh haben wir zwei Decken gelegt und mit drei waren wir eingedeckt, und das war doch schon viel schöner."[87] Teils erhielten die Ungarinnen Decken, teils auch nicht. Zu den Zählappellen – zweimal täglich mit einer Dauer von je drei bis vier Stunden – durften die Decken mitgenommen werden. Immerhin war es Herbst und die Frauen trugen nur die Kleider, die sie in Auschwitz erhalten hatten. Aber auch die Versorgung mit Kleidung wurde für einige besser. Helena Wild: „Man hat uns ein bisschen anständigere Kleider gebracht ... dass wir auch haben schon einen Mantel gehabt und ein Kleid und ein bisschen Unterwäsche ..."[88] Aber nicht allen erging es so. Eszter Kalisch: „Im November waren wir immer noch in Sommerkleidern."[89] Das Essen wird in den Budapester Protokollen als „Militärverpflegung", als „deutsche Soldatenkost" bezeichnet; es sei besser gewesen als in Auschwitz, aber wenig, sehr wenig.[90] Gearbeitet wurde nicht. Bergen-Belsen war Zwischenstation auf dem Weg zur Arbeit, in diesem Fall nach Duderstadt.

---

[87] Interview 1988.
[88] Interview am 20.7.1989.
[89] Kalisch, Protokoll 1945.
[90] Szepesi, Samuel und Löwnsohn, Protokolle, Budapest 1945.

6. Die Häftlinge im Außenkommando Duderstadt

„Ich kann Ihnen sagen, lieber Herr F..., ich weiß selber nicht, wie wir das ausgehalten haben sogar nach alldem, dass wir gewusst haben, dass diese Henker unsere Eltern getötet haben, aber der Mensch erträgt noch mehr wie ein Tier, das haben wir an uns selbst gesehen."

Klára Mesková im Jahre 1947 über ihre Häftlingszeit in Duderstadt[91]

---

[91] Briefe 1946/47 von Klára Mesková, geb.Brener, und Maria Diamant an den ehemaligen Meister F.

Mitgenommen durch das Erlebte, durch das in Ungarn, Auschwitz und Bergen-Belsen ihnen Zugefügte, kamen die Frauen in Duderstadt an. Die lange Zeit der täglichen Todesangst, der Hunger, die Erniedrigungen, die Ermordung der Angehörigen – das alles lastete auf ihnen. Zugleich waren die nach Duderstadt deportierten Frauen erleichtert. Sie wussten, hierher kamen sie, um zu arbeiten. Hier hatten sie nicht jederzeit zu befürchten, in eine Gaskammer getrieben zu werden.[92] „... wir sind immer vom Schlechteren höher gekommen."[93]

Die Namen aller Frauen im Arbeitskommando Duderstadt sind bekannt. Das Häftlingslager beim Polte-Werk wurde als Außenlager des KZ-Buchenwald geführt und von dort aus verwaltet. Alle Häftlinge, die im November 1944 in Duderstadt eintrafen, sind – ohne je in Buchenwald gewesen zu sein – in einer Liste des KZ Buchenwald vom 24. November aufgeführt. Überschrieben ist dieses Dokument mit „N e u z u g ä n g e vom 24. November 1944. 750 weibl. Häftlinge von KL. Bergen-Belsen nach Akdo Duderstadt (eingetroffen am 4. Nov. 44) Politische Ungarinnen-Jüdinnen."[94]

Nach Namen und Vornamen enthält die Liste die Buchenwalder Häftlings-nummer einer jeden, beginnend mit der Zahl 42001 bis 42750. Dem Außen-kommando Duderstadt waren die Buchenwald-Nummern 42001 bis 45000 zugeteilt.[95] Es war also eine reichliche Reserve an Nummern eingeplant. Den Namen folgen Angaben über den Familienstand, das Geburtsdatum, den Geburtsort und den Beruf. Allerdings haben die Frauen gegenüber der SS im Sinne der Überlebensstrategien, die sie entwickelt hatten, nicht immer zutreffende Angaben gemacht. Dem Rat des Häftlingskommandos auf der Rampe in Auschwitz entsprechend nannten nicht alle das richtige Geburtsdatum, obwohl für falsche Angaben „Bestrafung wegen intellektueller Urkundenfälschung"[96] angedroht war. Bella Sámuel und Rózsi Kahan waren 15 Jahre alt, als sie in Duderstadt eintrafen[97], in der Liste der SS von 1944 aber werden sie als sieb-zehn- bzw. achtzehnjährig geführt. Einige der Jüngsten gaben also vor, älter zu sein, und Ältere erklärten sich als jünger. Käthe Forgacz berichtete, ihre Mutter habe ein um sechs Jahre jüngeres Alter angegeben.[98]

Die Berufsangaben sind zum Teil geradezu auffällig unglaubwürdig. 286, also mehr als ein Drittel der 750 Frauen in Duderstadt, sollen Schneiderinnen

---

[92] Interview mit Rozalia Popovici 1996.

[93] Interview mit Judith Nyitrai 1988.

[94] Neuzugänge des KZ Buchenwald vom 24.11.1944.

[95] Nummernverteilung bei den weiblichen Außenkommandos. In: Vaupel 1984, S. 72.

[96] Formular der Häftlings-Karteikarten, die in Buchenwald verwendet wurden.

[97] Protokoll, Budapest 1945.

[98] Notiz über ein Gespräch mit Käthe Forgács am 23.7.1990.

Politische Abteilung.   Weimar-Buchenwald, 24.Nov.1944.

O 11610

N e u z u g ä n g e vom 24.November 1944.

750 weibl.Häftlinge vom KL.Bergen-Belsen nach Akdo Duderstadt
(eingetroffen am 4.Nov.44)

Politische Ungarinnen-Jüdinnen .

Nr.	Name	Vorname		Geburtsdatum	Geburtsort	Beruf
1.	42001	Abraham	Erzsebet	ld 25. 5.25	Farkasaszod	Arbeiterin
2.	42002	Abraham	Helen	ld 6. 4.10	Dombo	
3.	42003	Abraham	Regina	ld 15. 5.27	Farkasaszod	Schneiderin
4.	42004	Abraham	Teres	ld 7. 4.23	Kolossvar	Schneiderin
5.	42005	Aczel	Vera	ld 7.10.14	Miskolo	Schneiderin
6.	42006	Adler	Flora	ld 24. 4.20	Dunavecse	Schneiderin
7.	42007	Altmann	Magdalena	ld 12. 5.22	Miskolc	Arbeiterin
8.	42008	Bader	Franciska	ld 8. 9.26	Miskolc	Arbeiterin
9.	42009	Bader	Maria	ld 9. 6.20	Miskolc	Lehrerin
10.	42010	Bajor	Edit	ld 24. 7.20	Miskolc	D.B.
11.	42011	Bakos	Eva	ld 15. 8.19	Dunavecse	Beamtin
12.	42012	Balassa	Margit	ld 15. 4.10	Kecskemet	Beamtin
13.	42013	Banki	Judit	ld 28. 4.22	Szeged	Beamtin
14.	42014	Bane	Illi	ld 7.12.06	Fülek	Beamtin
15.	42015	Baraxy	Elsa	ld 17. 9.24	Des	Arbeiterin
16.	42016	Baraxy	Elvira	ld 10. 8.23	Szilagyscmlyo	Arbeiterin
17.	42017	Baraxy	Etus	ld 1. 2.21	Des	Arbeiterin
18.	42018	Barsi	Rozsi	ld 4.10.03	Kisgyör	Arbeiterin
19.	42019	Baum	Eszter	ld 25.11.19	Margitta	Schneiderin
20.	42020	Beck	Magdolna	ld 2. 2.24		Schneiderin
21.	42021	Becker	Erzsebet	ld 26.12.25		
22.	42022	Bedő	Magda	ld 26.11.14		
23.	42023	Beer	Judit	ld 12. 1.27	Losonc	Friseurin
24.	42024	Beer	Maria	15. 1.01	Losonc	Friseurin
25.	42025	Becker	Rosa	18.10.24	Nyaradszerda	
26.	42026	Benedek	Klara	ld 5. 5.07	Nagyvarad	Zahntechnik.
27.	42027	Benedek	Rosa	ld 11. 1.25	Nagyvarad	Zahntechnik.
28.	42028	Benyovits	Ilona	17. 8.25	Karcag	Friseurin
29.	42029	Berger	Maria	20.12.20	Karcag	Friseurin
30.	42030	Bergl	Karolin	ld 27. 7.10	Retteg	Friseurin
31.	42031	Berko	Eleonora	ld 16. 5.12	Vasarosnameny	Schneiderin
32.	42032	Berkö	Ilona	ld 20. 1.20	Garamszeg	
33.	42033	Berkovits	Elvira	ld 11. 9.22	Tetezy	
34.	42034	Berkovits	Isabella	ld 31. 5.10	Balmasujvar	
35.	42035	Berkovits	Judit	ld 7. 8.26	Debrecen	
36.	42036	Berkovits	Judit	ld 22. 6.24	Tetezy	
37.	42037	Berkovits	Marta	ld 23. 1.26	Marosvasarhely	
38.	42041	Berkovits	Zsuzsanna	ld 22. 5.27	Mako	Pflegerin
39.	42038	Bernad	Anna	ld 7. 4.06	Tasnad	Pflegerin
40.	42039	Bernad	Illi	ld 24. 4.25	Des	Pflegerin
41.	42040	Bernad	Magda	ld 11. 5.24	Des	Pflegerin
42.	42042	Bermat	Bella	ld 15. 5.17	Retteg	Pflegerin
43.	42043	Bermat	Regina	ld 8. 1.21	Retteg	Pflegerin
44.	42044	Bernstein	Magda	ld 29. 5.23	Eperjes	Schneiderin
45.	42045	Bihaly	Josefin	ld 11.11.06	Miklusevic	Schneiderin
46.	42046	Billitzer	Szofia	ld 1. 3.21	Betlen	Schneiderin
47.	42047	Binnenstein	Etelka	ld 23.12.18	Nyaradszerda	Schneiderin
48.	42049	Birnbaum	Illi	ld 25. 9.21		
49.	42050	Bistrienner	Iren	ld 12. 2.14	Szmlyoujlak	
50.	42051	Klatt	Judit	ld 4. 7.25	Kolossvar	Strickerin

43

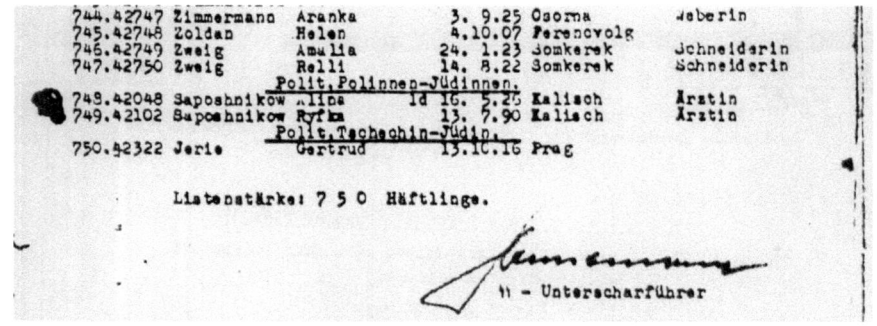

744.42747	Zimmermann	Aranka	3. 9.25	Csorna	Weberin
745.42748	Zoldan	Helen	4.10.07	Perencvolg	
746.42749	Zweig	Amalia	24. 1.23	Somkerek	Schneiderin
747.42750	Zweig	Relli	14. 8.22	Somkerek	Schneiderin

Polit.Polinnen-Jüdinnen.

748.42048	Saposhnikow	Alisa	1d 16. 5.25	Kalisch	Ärztin
749.42102	Saposhnikow	Ryfka	13. 7.90	Kalisch	Ärztin

Polit.Tschechin-Jüdin.

750.42322	Jerie	Gertrud	13.10.16	Prag	

Listenstärke: 7 5 0 Häftlinge.

H - Unterscharführer

Neuzugänge des KZ Buchenwald am 24.11.1944, Seite 1 und Ausschnitt aus der letzten Seite (ITS Arolsen, Kopie: Ministère de la Justice, Bruxelles)

gewesen sein? Neben „Strickerinnen", „Weberinnen" und „Näherinnen"? Sie wollten „Handarbeiterinnen" sein, weil sie hofften, in solchen praktischen Berufen gebraucht zu werden und auf entsprechenden Arbeitsplätzen mehr zu essen zu bekommen.[99] Bei manchen der Frauen fehlt eine Berufsangabe. Sie waren entweder nicht berufstätig oder zu jung, um schon einen Beruf erlernt zu haben. Aber die Frauen wurden auch nicht wegen einer bestimmten beruflichen Qualifikation nach Duderstadt gebracht; sie waren für die Ausführung von Hilfsarbeiten vorgesehen, die keine berufliche Ausbildung voraussetzten. Einziges Kriterium für ihre Auswahl war die Arbeitsfähigkeit. Jung und möglichst gesund sollten sie sein. Das Durchschnittsalter lag bei 26 Jahren. Die beiden Jüngsten waren 13 Jahre alt.

Die Namen der Frauen sind in der Liste nach Staatsangehörigkeit und dann alphabetisch geordnet. Die Zugangsliste spiegelt dabei die Staatsgrenzen während des Krieges wider, d. h. die zeitweise Eingliederung von Gebieten der Slowakei, Jugoslawiens und Rumäniens in den ungarischen Staat. Unter „Politischen Ungarinnen–Jüdinnen" werden in dieser Liste also auch die Frauen aufgeführt, die den Grenzziehungen der Vorkriegszeit zufolge Staatsbürgerinnen der Tschechoslowakei, Jugoslawiens oder Rumäniens waren und – soweit sie in diese Gebiete zurückkehrten – in der Nachkriegszeit wieder wurden.

Auf die „Politischen Ungarinnen–Jüdinnen" folgen in der Liste zwei Polinnen („Polit.Polinnen-Jüdinnen"). Dabei handelt es sich um die Lagerärztin und ihre Tochter, die, obwohl erst 18 Jahre alt, gleichfalls als Ärztin verzeichnet ist. Als Letzte dann die Tschechin („Polit.Tschechin-Jüdin"); sie war die Schreiberin des Außenkommandos.[100]

---

[99] Gespräch mit Käthe Forgács am 26.7.1989.
[100] Interview mit Helena Wild.

7. Die SS-Aufseherinnen und die Wachmannschaft

„Sie machten es gut, wenn Sie die Wahrheit über die Aufseherinnen gesagt haben bei Ihrer Aussage, die waren noch ärger als die SS-Soldaten zu uns. Wenn ich nur welche so vor meinen Augen bekäme, die kleine mit den rotblonden Haaren ich weiss nicht einmal mehr was ihr Nahme war, die möchte was von mir erleben, ...“

Klára Mesková in einem in deutscher Sprache so verfassten Brief 1947

„Ich bin gut mit den Mädchen ausgekommen.“

Aussage einer ehemaligen SS-Aufseherin 1963

„Die ‚Aufseherinnen' haben uns viel geschlagen, aber die SS-Soldaten haben uns gut behandelt, diese waren Alte, nicht solche Begeisterte wie die ersteren.“

Aussage von Babetta Fuchs

„Eine von uns Betreuerinnen ...“

Aussage einer ehemaligen SS-Aufseherin 1963[101]

---

[101] Briefe 1946/47 von Klára Mesková, geb.Brener, und Maria Diamant an den ehemaligen Meister F. – Protokolle, Budapest 1945. – Ermittlungsakten der Staatsanwaltschaft Göttingen1963.

Die Häftlinge hatten von den SS-Aufseherinnen ein ganz anderes Bild als diese von sich selbst. Jene Ungarinnen, die sich nach der Befreiung über die Aufseherinnen äußerten, fanden wenig Gutes zu berichten. Mit Strenge, Schimpfworten und Drohungen seien sie angetrieben und auch geschlagen worden. Wörtlich heißt es: „Die Aufseherinnen haben nie mit uns gesprochen."[102] – „Nur einen einzigen Namen weiß ich, die Klärchen, diese Aufseherin, die war schrecklich."[103] (Tatsächlich hieß eine der Aufseherinnen Klara mit Vornamen.) – „Es herrschte Strenge, frühes Aufstehen, wir schleppten Kisten, und sie waren so streng, dass sie uns für den kleinsten Fehler mit dem Tode drohten."[104] – „Als der Aufseherin einmal gemeldet wurde, dass ein Mädchen von einem Zivil ein Stück Brot bekommen habe / was gar nicht der Wahrheit entsprach / schlug sie die Arme so lange, bis sie in Ohnmacht fiel."[105]

1963 wurden sechs der ehemaligen SS-Aufseherinnen des KZ-Außenlagers Duderstadt im Rahmen eines Ermittlungsverfahrens von der Staatsanwaltschaft Göttingen als Zeuginnen vernommen.[106] „Beaufsichtigen", „betreuen", „überwachen" – so beschreiben sie ihr Handeln gegenüber den jüdischen Gefangenen. Auf die Werbeveranstaltung der SS im Polte-Werk hin habe sich niemand freiwillig für den Dienst als SS-Aufseherin gemeldet.[107] Das lässt sich nicht weiter überprüfen und wird wohl auch so zutreffen. Die SS hatte 1944 allgemein Schwierigkeiten dabei, Frauen für diese Arbeit zu werben. Isa Vermehren beschreibt, welche Köder ausgelegt wurden: „Kameradinnen der SS würden sie sein, freie Wohnung, gute Verpflegung und eine Uniform würden sie bekommen, dazu ein unverhältnismäßig hohes Gehalt und leichten Dienst. Und gerade über diesen wurde nur in vagen Andeutungen gesprochen, etwa von einer Beaufsichtigung ausländischer Arbeiterinnen, oder einer Bürotätigkeit in einer SS-Kanzlei und so fort."[108] Weil sich niemand meldete, seien sie dazu „abgeordnet", „abkommandiert", durch das Arbeitsamt „dienstverpflichtet" worden.[109] Dienstverpflichtungen kannten sie, waren doch auf diese Weise während des Krieges viele Frauen zur Arbeit im Polte-Werk herangezogen worden. Tatsächlich bestand die rechtliche Möglichkeit, durch das Arbeitsamt auch zur Tätigkeit bei der SS verpflichtet zu werden. Voraussetzung dafür waren personelle Vorschläge durch das Polte-Werk.

---

[102] Interview mit Judith Nyitrai 1988.
[103] Interview mit Helena Wild 1989.
[104] Aussage von Erzsebet Reich, Protokoll Budapest 1945.
[105] Aussage von Bella und Paula Sámuel, Protokoll Budapest 1945.
[106] Ermittlungsakten der Staatsanwaltschaft Göttingen 1963. – Siehe Seite 105!
[107] Ermittlungsakten der Staatsanwaltschaft Göttingen 1963.
[108] Vermehren 1979, S. 53.
[109] Ermittlungsakten der Staatsanwaltschaft Göttingen 1963.

Eine der früheren SS-Aufseherinnen erklärte 1989 in einem Interview, wie es in ihrem Fall zur Dienstverpflichtung durch das Arbeitsamt gekommen sei. Als ihr Mann, er war Soldat, 1944 Urlaub gehabt habe, sei sie der Arbeit drei Tage unerlaubt fern geblieben. Sie vermute deshalb, dass ihr Meister im Werk dies zum Anlass genommen habe, sie für die Dienstverpflichtung als „SS-Helferin" mit Ausbildung im KZ Ravensbrück vorzuschlagen. Weil sie von ihrem Wohnort, einem Eichsfelddorf, nicht weg wollte, sei dies gegen ihren Willen geschehen. Auf dem Arbeitsamt in Duderstadt habe man ihr aber gesagt, die Dienstverpflichtung sei in jedem Fall wirksam, ob sie sich zu unterschreiben weigere oder nicht. Sehr kurzfristig habe sie dann den Bescheid bekommen, sie müsse sich zu einem bestimmten Zeitpunkt zur Ausbildung in Ravensbrück einfinden.[110]

Über die Ausbildung in Ravensbrück sagten die ehemaligen SS-Aufseherinnen wenig aus. Von Einkleidung, Dienstverpflichtung und Begleitung der Häftlinge zur Arbeit ist die Rede.[111] Eine von ihnen betonte, Misshandlungen von Häftlingen habe sie in Ravensbrück nicht gesehen. Es habe vielmehr die klare Anweisung gegeben, Häftlinge dürften nicht angerührt und nicht geschlagen werden.[112]

Über die Art der Ausbildung von Aufseherinnen in Ravensbrück Anfang 1943 hat Margarete Buber-Neumann Auskunft gegeben. Sie war in Ravensbrück inhaftiert und zeitweise Häftlingsschreiberin der Oberaufseherin. Es ist davon auszugehen, dass sich an den von ihr geschilderten Verhältnissen bis zum Herbst 1944 nichts verändert hat:

„Jede ‚Neue' wurde einer erfahrenen alten Aufseherin zugeteilt und musste morgens mit den Arbeitskolonnen ausrücken. In den ersten Tagen ihrer Aufseherinnenexistenz ereignete sich bei der Hälfte dieser Frauen das Gleiche: Sie kamen weinend in das Dienstzimmer der Oberaufseherin und verlangten, sofort entlassen zu werden. Dort machte man ihnen klar, dass nur der Schutzhaftlagerführer oder der Kommandant sie von ihrer Arbeit entbinden könne. Aber wenige wagten diesen Schritt. Die Furcht, zu einem Offizier zu gehen, der sie vielleicht anschnauzen würde, hielt sie zurück. Natürlich war es bei vielen auch die Vorstellung, in die Fabrik zurückkehren zu müssen und sich dort zu blamieren, und selbstverständlich auch die Verlockung dieses zwar unangenehmen, aber doch wenig anstrengenden Berufes mit einer ungewöhnlich guten Bezahlung.

Der Kommandant und der Schutzhaftlagerführer weihten die neuen Aufseherinnen in ihre Pflichten ein. Es wurden ihnen die Häftlinge als minderwertige verkommene Frauen geschildert, gegen die sie nun mit aller Schärfe vorzugehen

[110] Interview mit der ehemaligen Aufseherin U. 1989.
[111] Ermittlungsakten der Staatsanwaltschaft Göttingen 1963.
[112] Interview mit der ehemaligen Aufseherin U. 1989.

hätten. Natürlich unterstrich man gebührend die Wichtigkeit ihres neuen Amtes, sparte nicht mit Warnungen, die Dienstvorschriften einzuhalten, und drohte vor allem mit Strafen für jeden privaten Kontakt mit diesem Abschaum der Menschheit, den Konzentrationslagerhäftlingen. Alle paar Tage fanden neue Aufseherinnenappelle statt, in denen ihnen Strenge und nochmals Strenge gepredigt wurde. – Ihre tägliche Gesellschaft waren von nun ab die kommandierenden, keifenden, prügelnden Aufseherinnen, nicht selten auch noch ebensolche ‚Anweisungshäftlinge' und die meist schmutzigen, böse und feindlich dreinblickenden oder verächtlich kriecherischen Häftlinge."[113]

In ihrem Buch über Milena[114] ergänzt Buber-Neumann diese Darstellung:

„Der Erfolg dieser Bearbeitung blieb nicht aus. Nur wenigen, den Charakterstarken gelang es, wieder entlassen zu werden. Bei vielen dauerte es nicht lange, bis sie ebensolche Bestien wurden wie ein großer Teil der alten Aufseherinnen. Aber auch unter diesen gab es erstaunliche Ausnahmen. Während meiner fünfjährigen Haft traf ich immer wieder solche, die sich bemühten, menschlich zu bleiben."[115]

Die Ausbildung in Ravensbrück bestand demnach hauptsächlich in der Gewöhnung an Strenge und Brutalität gegenüber den Häftlingen.

Die aus dem Polte-Werk Duderstadt nach Ravensbrück entsandten Arbeiterinnen schafften es offensichtlich nicht, sich zu verweigern, auch nicht, als ihnen klar werden musste, für welchen Dienst sie vorgesehen waren. In einer Situation des Gedrängtwerdens, also nicht gerade aus eigenem Antrieb, aber auch ohne den Widerstand, der sie davor hätte bewahren können, wurden sie SS-Aufseherin in einem Konzentrationslager. Von der Möglichkeit, ihren Arbeitsplatz im KZ zu kündigen, und zwar mit der einzigen Bedingung, weiterhin berufstätig zu bleiben[116], machten sie keinen Gebrauch. So wurden sie letztlich ohne Zwang Mittäterinnen bei dem singulären Verbrechen des nationalsozialistischen Deutschland an den europäischen Juden, unentbehrlich für den Arbeitseinsatz jüdischer Zwangsarbeiterinnen im Polte-Werk Duderstadt.[117]

Betrachtet man die Aussagen der ehemaligen SS-Aufseherinnen nach 1945, dann kommen solche Einsichten, in die Verbrechen der NS-Zeit verstrickt zu sein, nicht vor. Vielmehr wird zu vermitteln versucht, es habe sich um eine ganz

---

[113] Buber- Neumann, Margarete 1958 ([1] 1949), S. 313 f.

[114] Milena Jesenská, Journalistin, Freundin von Franz Kafka, 1944 gestorben im KZ Ravensbrück.

[115] Buber- Neumann, Margarete 1991, zitiert nach Strebel 2003, S. 96.

[116] Schwarz 2002, S. 815.

[117] Vgl. dazu Strebel 2003, S. 83f. – Sofsky, Wolfgang 2004 ([1]1993): S. 129 – Seidel 2002, S. 22.

normale berufliche Tätigkeit gehandelt. Auch bei Aufseherinnen aus anderen Konzentrationslagern ist diese Sichtweise anzutreffen.[118]

Die Aufseherinnen waren nicht Mitglieder der SS, sondern gehörten zum „Gefolge der Waffen-SS". Sie waren damit Angestellte im öffentlichen Dienst und wurden für ihre Arbeit nach der Tarifordnung für staatliche Angestellte bezahlt. Eine ledige Aufseherin im Alter von 25 Jahren erhielt in der Tarifgruppe VIII monatlich rund 186 RM brutto. Das dürfte das Doppelte dessen gewesen sein, was sie zuvor als Arbeiterinnen im Polte-Werk verdient hatten. 1944 betrug, zum Vergleich, der monatliche Bruttolohn einer Arbeiterin in der Textilindustrie 76 RM, in der Elektroindustrie 93 RM.[119] Überdies wurde den SS-Aufseherinnen die Dienstkleidung gestellt: Uniform, Stiefel, Halbschuhe, Strümpfe, Dienstblusen, Mütze. Hinzu kamen Pistole und Peitsche.[120]

Mehrere der vormaligen Arbeiterinnen im Polte-Werk, die als Aufseherinnen nach Duderstadt zurückkehrten, fanden die KZ-Häftlinge hier bereits vor; diese waren schon vier oder fünf Tage früher eingetroffen.[121] Am 13.11.1944 waren erst 10 Aufseherinnen in Duderstadt eingesetzt, am 22. November kam eine weitere hinzu. Bis zum 1.3.1945 stieg die Zahl der Aufseherinnen auf 18.[122] Von zwölf der Aufseherinnen sind die Namen bekannt, von neun zusätzlich die Herkunftsorte. Sie stammten aus Gieboldehausen (2), Bilshausen (1), Seeburg (1), Gerblingerode (1), Duderstadt (3) und Erfurt (1).[123]

Die SS-Aufseherinnen unterstanden dienstlich dem SS-Kommandoführer im Frauenaußenkommando. Ihre Tätigkeit galt als Kriegseinsatz.[124] Sie mussten je eine Gefangenengruppe abgezählt am Lagertor in Empfang nehmen, die Frauen zum Polte-Werk führen, sie dort bei der Arbeit bewachen und auch antreiben und nach Arbeitsschluss zum Lager zurückgeleiten und dort abgezählt wieder übergeben.[125] Mit einem Hund haben sie uns begleitet, erinnerte sich Eszter Kalisch.[126]

Auch wenn es nur diese eine Aussage zum Einsatz eines Wachhundes im Außenkommando Duderstadt gibt, ist sie ernsthaft in Betracht zu ziehen. In Ravensbrück, wo die Duderstädter Aufseherinnen ausgebildet wurden, war der Einsatz von Wachhunden fester Bestandteil des Bewachungskonzepts. Bereits 1939 sah die Dienstvorschrift die Zuteilung von Wachhunden für jedes Außen-

---

[118] Schwarz 2002, S.807.
[119] Strebel 2003, S. 67.
[120] Schwarz 2002, S. 805. – Strebel 2003, S. 94.
[121] Ermittlungsakten der Staatsanwaltschaft Göttingen.
[122] Arbeitseinsatzmeldung des Außenkommandos Duderstadt 1944/45.
[123] Ermittlungsakten der Staatsanwaltschaft Göttingen.
[124] Strebel 2003, S. 66 f.
[125] Vgl. Broszat 1984 ([1]1967), S. 114. – Pischke 1992, S. 287 f.
[126] Interview mit Eszter Kalisch.

kommando – also für jede Häftlingsgruppe, die außerhalb des Konzentrationslagers arbeiten musste – vor.[127] Das Wirtschafts- und Verwaltungshauptamt der SS formulierte 1943 Anweisungen an Hundeführer in Konzentrationslagern: „Die Frage, ob die in den KL verwendeten Schutzhunde auf Stellen und Verbellen oder auf Beißen eingestellt werden sollen, wird grundsätzlich wie folgt geklärt: Bei der Streifenarbeit (Stöbern) soll der Hund den Täter stellen und verbellen, soweit dieser mit erhobenen Händen stillsteht. Flieht jedoch der Täter, greift er den Hund an oder macht er auch nur Abwehrbewegungen, so soll der Hund rücksichtslos beißen."[128] Der Kommandant von Auschwitz, Rudolf Höß, schrieb nach Kriegsende nieder: „Der RFSS [Reichsführer SS – Himmler] rechnete mit Einsparung von zwei Posten bei dem Einsatz eines Hundes, bei Frauen-Kommandos wohl möglich durch die allgemeine Angst vor dem Vorhandensein eines Hundes."[129] Der SS erschienen 50 Wachposten für ein Außenkommando mit 500 Häftlingen erforderlich.[130] In Duderstadt waren es nur, und auch das nicht durchgehend, etwas mehr als 30 SS-Leute und SS-Aufseherinnen zusammen für 750 Gefangene.

Eine weitere Aufgabe für Aufseherinnen in Konzentrationslagern war die der Blockführerin. Als solche war sie im Lager zuständig für eine Häftlingsbaracke. Dafür, dass es in Duderstadt Blockführerinnen gegeben hätte, fehlt der Nachweis. Judith Nyitrai berichtete, die SS-Aufseherinnen hätten nie die Baracken betreten, seien aber bei den Zählappellen im Lager gewesen.[131] – Eine der SS-Aufseherinnen leitete die Küche für die KZ-Häftlinge im Polte-Werk. Sie hatte die Lebensmittel einzuteilen und die Verpflegung auszugeben. Darüber war Buch zu führen. Als Helferinnen waren ihr 11 Häftlinge zugewiesen, die sie morgens vom Lager abzuholen und abends dorthin zurückzubringen hatte.[132]

Die Aufseherinnen waren für ihre Gruppe verantwortlich.[133] Das setzte sie unter Druck, dem sie als junge Frauen – so weit bekannt im Alter von durchschnittlich 25 Jahren – vielleicht nicht so recht gewachsen waren. Helena Wild jedenfalls mutmaßte über Klärchen, die sie so schrecklich fand, ihr Verhalten als Aufseherin habe gar nicht zu ihr gepasst. Und genau diese Klara hat 1963 angegeben, heimlich von zu Hause Brot für die Häftlinge mitgenommen zu haben.[134] Dasselbe hat eine weitere SS-Helferin ausgesagt.[135] Solche Versuche

---

[127] Strebel 2003, S. 84.f.
[128] Zitiert nach Strebel 2003, S. 87.
[129] Zitiert nach Strebel 2003, S. 85.
[130] Sofsky 2004, S. 121.
[131] Interview 1988.
[132] Ermittlungsakten der Staatsanwaltschaft Göttingen.
[133] Ebd.
[134] Ebd.
[135] Interview mit der ehemaligen Aufseherin U. 1989.

der Hilfe lassen sich nicht einfach als Schutzbehauptungen und bloße Absicht, sich selbst reinzuwaschen, abtun. Immerhin fanden die Ungarinnen in der Waschbaracke manchmal Brot und ein Stück Zeitung mit Hinweisen zu den Frontverläufen.[136] Wer außer den Häftlingen und den SS-Aufseherinnen hatte denn Zugang zu dieser Baracke?

Für das Wachpersonal gab es genaue Anweisungen. Diese waren festgelegt in den allgemeinen Vorschriften der SS. Für die Aufseherinnen gab es spezielle Dienstvorschriften. Darin heißt es: „Die innere Lagerbewachung wird nur von den Aufseherinnen durchgeführt. Dieses gilt auch auf der Arbeitsstelle. Die Außenbewachung und der Transport vom Lager zum Werk und zurück wird gemeinschaftlich (Posten und Aufseherinnen) unter Aufsicht des Führers vom Dienst durchgeführt. Die SS-Männer dürfen das Lager nur in Begleitung oder auf Aufforderung zum Schutz einer Aufseherin betreten."[137]

Demnach hatten die Gefangenen mehr mit den Aufseherinnen und weniger mit den SS-Leuten zu tun, die für die Bewachung des Lagers von außen zuständig waren. Diese Angehörigen der Waffen-SS waren als Wachkommando mit den Jüdinnen von Bergen-Belsen nach Duderstadt gekommen. Sie wurden von den Ungarinnen allgemein als ältere, ruhigere Männer beschrieben. Judith Nyitrai unterschied noch zwischen SS-Angehörigen und Wehrmachtssoldaten: „Die SS-Soldaten, die haben nie, nicht ein Wort mit uns gesprochen. Und wenn wir einen Wehrmachtssoldaten gesehen haben, das war auch in Auschwitz – auch in Auschwitz waren Wehrmachtssoldaten – und die haben immer ein paar Wörter gesprochen. Sie durften doch nicht. Aber einen SS wir haben uns nicht einmal getraut etwas zu sagen – SS oder einer Aufseherin. Aber zu einem Wehrmachtssoldaten haben wir etwas gesprochen, haben wir etwas gefragt."[38] Tatsächlich hatte die SS Schwierigkeiten dabei, genügend Wachpersonal bereitzustellen. Deshalb wurden fronttaugliche Wehrmachtssoldaten für die Waffen-SS verpflichtet und als Wachtposten eingesetzt.

Die angegebene Stärke des Wachkommandos schwankte zwischen 13 und 16 in den verschiedenen Listen der SS. Unter diesen „Posten" befand sich auch ein Sanitäter.[139] Er hieß Stimpl und war für die Wachmannschaft zuständig, nicht aber für die bewachten Frauen.[140] Der Kommandoführer Arno Reißig mit

---

[136] Interview mit Helena Wild 1989.

[137] Zitiert nach Seidel 2001, S. 21.

[138] Interview mit Judith Nyitrai 1989.

[139] Tagesmeldungen des Kommandoführers. – Halbmonatliche „Übersichten über Anzahl und Einsatz der weiblichen Häftlinge des Konzentrationslagers Buchenwald. – Aufstellung des Standortarztes der Waffen-SS Weimar-Buchenwald über die Frauen-Außenkommandos vom 31. Januar 1945. In: Buchenwald – Mahnung und Verpflichtung 1961, S. 254 f..

[140] Broszat 1984 (4. Auflage), S. 113.

dem SS-Dienstgrad eines Scharführers war am 13.8.1914 in Bärenstein in Sachsen geboren und im August 1934 der SS beigetreten. Er wurde im Frühjahr 1945 durch Eduard Jansen abgelöst. Die Tagesmeldung des Arbeitslagers Duderstadt vom 1.3.1945 ist von Hauptscharführer[141] Jansen als Arbeitseinsatzführer unterzeichnet. Dabei handelt es sich vermutlich um den am 2. März 1909 in Lengerich (Westfalen) geborenen Eduard Jansen, der den SS-Totenkopfverbänden im Oktober 1934 beitrat.[142]

Die Kommandoführer führten die Aufsicht über das Lager. Ferner waren sie als Arbeitseinsatzführer für den Arbeitseinsatz der Häftlinge verantwortlich und mussten die Tagesmeldungen darüber an das Konzentrationslager Buchenwald schicken.

Die SS-Bewachung war, wie vorgeschrieben, außerhalb des Barackenlagers im Hauptgebäude der Möbelfabrik Steinhoff untergebracht. Die SS-Leute bewohnten das Erdgeschoss. Einer der beiden Kommandoführer hatte seine Familie dabei. Die gefangenen Frauen sahen das Kind (oder die Kinder?) spielen.[143] Die Familienidylle, das spielende Kind unmittelbar neben dem Stacheldrahtzaun eines Konzentrationslagers, war für SS-Verhältnisse nicht ungewöhnlich und demonstriert, für wie selbstverständlich die Institution Konzentrationslager gehalten oder wie sie mit dem Anschein des Normalen versehen wurde. Selbst in Auschwitz, wo die SS ihre größten Verbrechen verübte, wohnten SS-Leute mit Ehefrauen und Kindern in einer Siedlung.[144] Die Villa des Kommandanten stand unmittelbar neben dem Lager.

Die Unterkunft der Aufseherinnen des Außenkommandos Duderstadt befand sich in einem großen, lediglich durch Spinde unterteilten Raum im Obergeschoss der Möbelfabrik. Während der Tage, an denen sie Dienst hatten, mussten die Aufseherinnen dort wohnen. An dienstfreien Tagen durften sie nach Hause.[145]

Das Essen für die Wachmannschaft des KZ-Außenkommandos, so die Aussage einer der ehemaligen Aufseherinnen, lieferte das St.-Martini-Krankenhaus in Duderstadt.[146]

---

[141] Die entsprechenden Wehrmachtsdienstgrade: Scharführer = Unterfeldwebel; Oberscharführer = Feldwebel.
[142] Baranowski 1995, S. 162.
[143] Interview mit Judith Nyitrai 1988. – Interview mit der ehemaligen Aufseherin U.
[144] Schwarz 2002, S. 801 f.
[145] Interview mit der ehemaligen Aufseherin U. 1989.
[146] Ermittlungsakten der Staatsanwaltschaft Göttingen 1963.

Die Nachbenannte wurde in der Wohnung aufgesicht und erklärt auf Befragen :

a) Zur Person:

Ich heiße

geb.

wohnhaft in

b) Zur Sache:

Ich wurde Anfang Nov. 1944 für die SS verpflichtet das geschah gegen meinen ausdrücklichen Willen.Zuerst mußten wir uns in Füerstenberg a.O. melden, von dort aus kamen wir dann nach Ravensbrück zur Einkleidung. Mit mir wurden noch weitere Mädchen aus Duderstadt abgeordnet.Nach der Einkleidung haben wir uns nach Duderstadt zurückgemeldet u. wurden dort für die inzwischen angekommenen jüd. weibl. Häftlinge als Aufsicht eingesetzt.Wir mußten auch im Lager wohnen, im Gegensatz zu meinem Arbeitsverhältniß in den Poltewerken, wo ich täglich nach Hause fahren konnte.

Mir ist der Name L damals im Werk bekannt geworden, ich kann mich aber nicht erinnern, ~~daß~~ ihn persönlich gekannt zu haben.Ich habe den L damals wohl nie ~~Mirxistxxebenfallsxxichxin~~ in Uniform gesehen.

Wir Aufseherinnen hatten die Aufgabe, die weibl. Häftlinge während des Arbeitsprozesses zu beaufsichtigen. Morgens begleitete jede von uns einen Trupp der Mädchen u. blieben den ganzen Tag mit ihnen zusammen.Die Mittagsmahlzeiten nahmen die Mädchen dann in einer besonderen Küche ein, in der für sie extra gekocht wurde.

Der Abtransport der Mädchen erfolgte wenige Tage vor der Besetzung von Duderstadt.Der Transport erfolgte in Omnibussen,die von Unternehmern aus der Stadt gestellt wurden.

Diesen Transport vom Lager Duderstadt nach Seesen oder Nord=
hausen habe ich zwar begleitet,ich bin dann aber sofort mit
einem der leeren Busse wieder zurückgefahren.Die Fahrt habe
ich deshalb mitgemacht, um nach Hause - nach Gieboldehausen-
zu kommen.
Ich kann mich noch erinnern, daß der Bus in einer engen Straße
hielt, in dem ich mitgefahren war. Was dann weiter aus den
Mädchen geworden ist,kann ich nicht sagen,weil ich sofort
wieder zurückgefahren bin.

Ob die damalige Luise   '   den Transport mitgemacht
hat , kann ich nicht sagen.Ich erinnere mich auch nicht an
andere Namen.

    Ich wurde Anfang Mai 1945 hier in   festgenommen
und kam zunächst nach Duderstadt ins Gefängnis,weil ich und
auch die anderen Aufseherinnen der SS angehört haben.
In einem der vielen Zwischenläger sollen damals ~~ein Teil~~
Gegenüberstellungen mit dem Aufsichtspersonal und den ehem.
Arbeiterinnen   aus Duderstadt gemacht worden sein. Ich
selbst habe das aber nicht erlebt.

    Mir ist nicht bekannt geworden,daß im Außenlager Duder=
stadt jüd. Mädchen gestorben sind.

geschlossen :   v.   g.   u.

Gregorius
Kriminalobermeister

*Aussage der ehemaligen Aufseherin Z. in anonymisierter Form
(Ermittlungsakten der Staatsanwaltschaft Göttingen)*

54

8. Das Lager

„In Duderstadt angekommen, sind wir schon ordentlich untergebracht worden ..."

Aussage von Lucia Szepesi

„Untergebracht waren wir in Holzbaracken, die uns nur ungenügenden Schutz gegen die Kälte boten."

Aussage von Ella Löwensohn u.a.

„Das Lager war ganz in Ordnung. Zu dreißig haben wir in einem Zimmer gewohnt, jede hat ein separates Bett gehabt und jede hat eine Decke und einen Essnapf bekommen."

Aussage von Eszter Kalisch

„Wir waren eingesperrt und konnten nicht herausgehen ..."

Aussage von Babetta Fuchs[147]

---

[147] Protokolle, Budapest 1945.

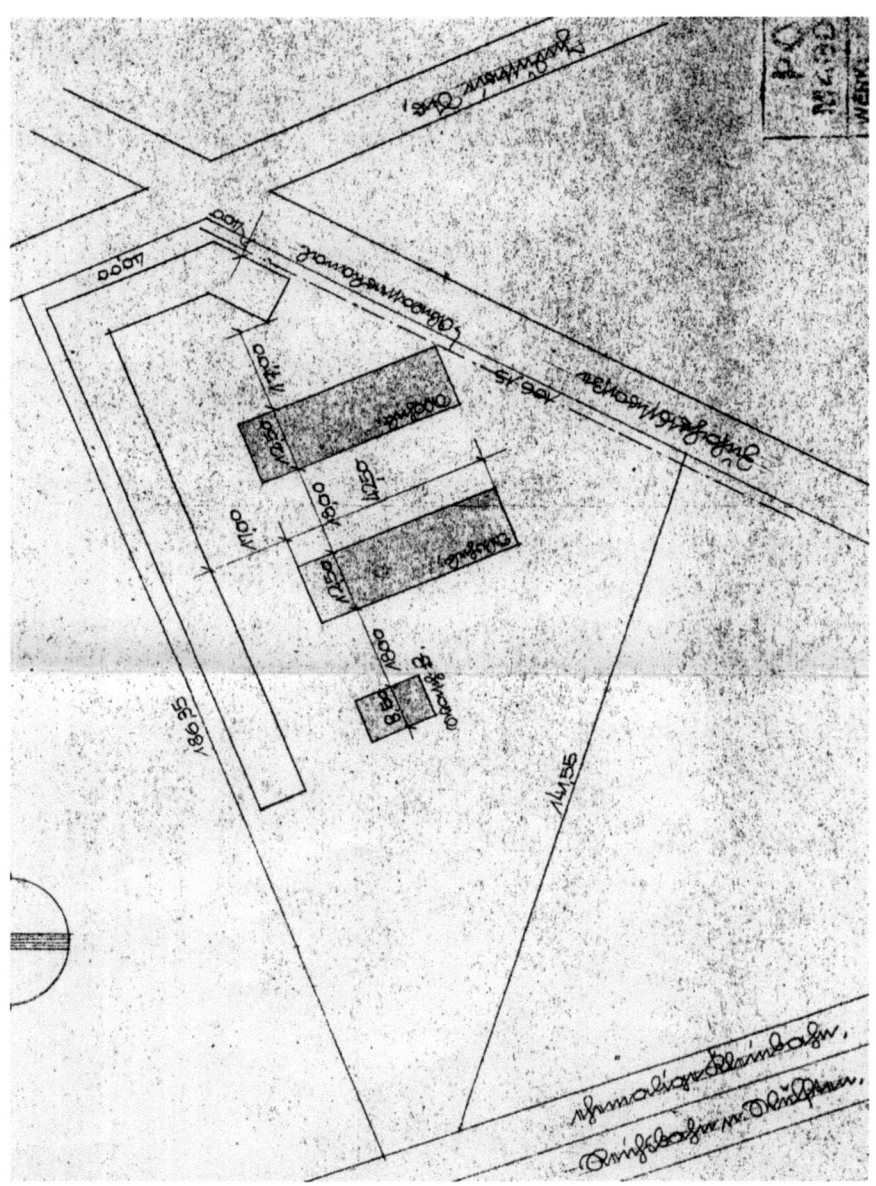

Lageplan des Lagers auf dem Grundstück Steinhoff: der Grundriss der Möbelfabrik und, dunkel ausgefüllt, die Grundrisse der Baracken (Stadtarchiv Duderstadt)

Das Lager, in dem sie unterkamen, war nicht für KZ-Häftlinge geschaffen worden. Es stand nicht in einsamer Abgeschiedenheit. Wer zum Polte-Werk ging oder fuhr, kam direkt daran vorbei. Wer mit der Bahn reiste, konnte ins Lager hineinsehen. In den Jahren 1938 bis 1940 hatte, wie oben bereits erwähnt, der Duderstädter Möbelhändler Steinhoff an der neu gebauten Industriestraße eine Möbelfabrik errichtet – ein rotes Backsteingebäude mit einem eingeschossigen, barackenähnlichen Anbau, dieser aber ebenfalls aus Stein. Bis hier Möbel produziert wurden, sollten jedoch noch sieben Jahre vergehen. Erster Nutzer des Gebäudes wurde das Polte-Werk. Diese Firma ließ zusätzlich zwei Wohnbaracken und eine Waschbaracke auf dem Grundstück errichten. Hier wurden zunächst „Fremdarbeiter" für den Bau der Munitionsfabrik untergebracht, dann für den Produktionsprozess benötigte ausländische Arbeitskräfte.[148]

In den beiden Wohnbaracken des Lagers, jede 12,5 mal 42,5 m groß[149], befanden sich rechts und links eines breiten Mittelgangs Zimmer. Jede der Ungarinnen erhielt darin oder in dem steinernen Anbau an das Hauptgebäude eine Pritsche mit einem Strohsack und eine Decke. Das steht in mehreren der Budapester Protokolle von 1945. Nur Judith Nyitrai gab an, es hätten sich zwei Personen ein Bett teilen müssen.[150] In jedem Zimmer der beiden Baracken stand ein Ofen und es gab auch Kohlen zum Heizen[151] – ob immer genug, sei dahingestellt, konnten doch auch die Einwohner von Duderstadt schon im Kriegswinter 1943/44 nicht mehr ausreichend mit Brennstoff versorgt werden.[152] Auch über Kälte in den Baracken wird berichtet. Dass es in der „Steinbaracke" kalt gewesen sei, sagte eine der Aufseherinnen aus.[153] Wie sehr von anderen die Wärme in der Fabrik betont wird[154], weist möglicherweise indirekt auf ungenügend beheizte Unterkünfte hin.

Ebenso wie die Wohnbedingungen waren auch die hygienischen Verhältnisse für das Überleben relativ günstig. Zwar zeichnete sich die Waschbaracke nicht gerade durch Komfort aus: Ein Wasserleitungsrohr mit Hähnen daran durchzog sie. Aber immerhin, am Sonntag habe es warmes Wasser gegeben[155]. Die gefangenen Frauen konnten sich also waschen. „Wir waren alle sauber."[156]

---

[148] Lerch 1979, S. 192.

[149] Lageplan des Barackenlagers auf dem Grundstück Steinhoff, 1942.

[150] Interview mit Judith Nyitrai 1988.

[151] Interview mit Helena Wild 1989.

[152] Ebeling/Fricke 1992, S. 172.

[153] Ermittlungsakten der Staatsanwaltschaft Göttingen.

[154] Interview mit Judith Nyitrai 1988.

[155] Ebd.

[156] Eszter Ellbogen, Protokoll 1945.

*Die letzte 2005 noch stehende Baracke mit verkleidetem Giebel an der
Zufahrtstraße zum ehemaligen Polte-Werk*

Die KZ-Häftlinge des Polte-Werks waren - im Vergleich mit Auschwitz und Bergen-Belsen - tatsächlich „ordentlich" und „gut" untergebracht, wie sie sagten. Aber frei waren sie nicht. Das Lager war eingezäunt. Folgt man dem Bauantrag des Poltewerks, dann handelte es sich um eine unüberwindliche, jede Flucht verhindernde Absperrung. Dieser ausgerechnet als „Einfriedigung" bezeichnete Zaun war der Bauzeichnung nach 2,50 m hoch und auf der Innenseite bis oben hin mit Stacheldraht und elektrisch geladenen Drähten versehen. Nach außen hin befand sich, immer der Bauzeichnung nach, eine Verbretterung, zwei Meter hoch und an den Staßenseiten lückenlos als „verstärkter Zaun" das Lager vor Blicken abschirmend, zu den „Ländereien" hin als „einfacher Zaun" ein Palisadenzaun mit Lücken zwischen den einzelnen Brettern, aber auch dort nicht ohne die bis zu 2,50 m hoch reichenden Stachel- und elektrischen Drähte. Zur Innenseite des Lagers hin, und zwar in einem Abstand von einem Meter, ist ein weiterer „Schutzzaun" gezeichnet, 1,5 m hoch, aus Holzpfosten und Stacheldraht.[157]

Ein solcher Zaun, der das Häftlingslager nach innen sicherte und nach außen abschirmte, entsprach gewiss den Vorstellungen der SS. Allerdings gibt es keine Bestätigung dafür, dass er auch in der beantragten Art und Weise gebaut wurde. Kein Zeitzeuge hat über einen solchen Zaun berichtet, keiner der dazu Befragten konnte sich daran erinnern. Zweifel ergeben sich auch aus dem Datum des Bauantrags, dem 24.10.1944, also nur wenige Tage vor dem Eintreffen der Ungarinnen in Duderstadt. Ein Prüfvermerk des Preußischen Staatshochbauamts in Osterode auf der Bauzeichnung stammt vom 27.12.1944. Sollte ein Zaun, so wie er beantragt worden ist, das Lager umgeben haben, dann müsste er in sehr kurzer Bauzeit und noch vor Erteilung der Baugenehmigung erstellt worden sein. Dafür, dass es einen solchen unüberwindbaren Zaun, wie beantragt, nicht gab, spricht auch eine Erinnerung von Judth Nyitrai. „Bei dem Lager sei „eine Erde" gewesen und dort hätten sich Zuckerrüben befunden – eine Rübenmiete also. „Und manche sind dort herausgegangen in der Nacht, um dort diese Zuckerrüben zu stehlen und ein bisschen mehr zu essen. Und wenn man sie erwischt hat, hat man sie geschlagen."[158] Das Stehlen von Rüben aus einer Zuckerrübenmiete wird auch von Eszter Kalisch und Helena Wild erwähnt.[159] Vielleicht muss man auch fragen, ob die Rübenmiete sich an der Straße zum Polte-Werk befand und der Rübendiebstahl auf dem Weg dorthin versucht wurde. Alles ringsum war ja damals noch Feld.

Gewiss ist aber in jedem Fall, dass das Lager eingezäunt war, wie auch immer, und die Häftlinge außer zu ihrer Arbeitszeit darin gefangen waren. Die

---

[157] Bauzeichnung 1944.
[158] Interview mit Judith Nyitrai 1988.
[159] Protokoll, Budapest 1945. – Interview mit Helena Wild.

Sicherung des Lagers durch einen Zaun gehörte für die SS zu den unerlässlichen Bedingungen. Außerdem ist eine Einzäunung des Lagers in einem Interview bezeugt: Das im Lager geborene und gestorbene Kind sei durch einen SS-Mann „neben dem Zaun" vergraben worden.[160]

Das Hauptgebäude der ehemaligen Möbelfabrik Steinhoff heute,
1944/45 ein roter Backsteinbau und Unterkunft der SS-Wachmannschaft
und der SS-Aufseherinnen; ganz links ein Teil der Baracke

---

[160] Interview mit Rozalia Popovici 1996.

9. Die Arbeit im Polte-Werk und das Leben im Lager

„Das war keine schwere Arbeit, was ich gemacht habe ..."

Käthe Forgacz

„Die Arbeit war sehr schwer und erschöpfend."

Babetta Fuchs

„Ein ganzes Jahr trug ich nur ein Kleid, ohne Unterwäsche, eine Hose habe ich mir kürzer gemacht."

Rozalia Popovici

„Duderstadt haben wir nie gesehen."

Judith Nyitrai

„Die Bevölkerung hatte Angst, mit ihnen Kontakt aufzunehmen."

Der Duderstädter Malermeister Karl V.[161]

„Schrecklich haben wir gehungert."

Ilona Philipp[162]

---

[161] Interview mit Karl V. 1983.
[162] Protokolle, Budapest 1945.

Lagertor im KZ Buchenwald

9. 01 Die Arbeit

„Arbeit macht frei", steht als eisernes Spruchband über dem Lagertor des KZ Auschwitz. „Jedem das Seine", ist ins Lagertor von Buchenwald eingeschweißt. Die SS verhöhnte ihre Gefangenen. Arbeit im KZ machte nicht frei. Nichts wurde gegeben, sondern alles genommen – am Ende das Leben.

Die unterschiedliche Bewertung der Arbeit im Polte-Werk durch die Zwangsarbeiterinnen, ob schwer oder leicht, scheint nur auf den ersten Blick widersprüchlich zu sein. Darin drückt sich nicht allein eine unterschiedliche körperliche Leistungsfähigkeit aus, sondern ebenfalls, dass die Ungarinnen im Produktionsprozess an verschiedenen Arbeitsplätzen eingesetzt wurden.

In Halle 17, bei der Hülsenproduktion, waren die Gefangenen weitgehend unter sich, ohne Aufseherin. Das widersprach den Bestimmungen der SS und lässt sich wohl mit dem Mangel an Wachpersonal erklären. Die Häftlinge hatten die Patronenhülsen mit Maschinen zu bearbeiten. „Die eine Maschine hat die Hülsen gemacht, die nächste Maschine hat in die Hülsen das Loch gemacht. Also haben wir gearbeitet."[163] Andere mussten in derselben Halle die Hülsen auf Maßhaltigkeit hin überprüfen. „In der Mitte des Raumes war ein Fließband. Dort haben ... ungefähr 30 oder vielleicht noch mehr Häftlinge gearbeitet. ... Jede hat etwas anderes gemessen. Und was nicht gestimmt hat, haben wir in eine Schachtel geworfen."[164] Wieder andere trugen Handschuhe, um aus einer Maschine heiße Patronenhülsen entnehmen zu können. Mit Nadeln mussten sie dann kleine Kugeln entfernen, die sich manchmal darin befanden. Das war keine körperlich schwere Arbeit. Und wenn es doch einmal etwas Schweres zu heben galt, konnte man andere zu Hilfe rufen und mit mehreren zupacken. Darüber hinaus hatte die Beschäftigung in Halle 17 noch weitere Vorteile. Dort war es warm. Aus einer Maschine floss warme Seifenlauge. Damit wuschen die Frauen ihre Unterwäsche. Das war zwar verboten, doch wer es sah, drückte ein Auge zu.[165] Aber harmlos war der Aufenthalt in Halle 17 dennoch nicht. Dort wurden die Hülsen auch mit Säuren und chemischen Substanzen gereinigt. Diese entwickelten Gase, welche die Atemwege schädigen konnten.[166]

Angeleitet wurden die KZ-Häftlinge in Halle 17 durch Russinnen, die schon länger im Polte-Werk arbeiteten. Diese konnten auch kleinere Störungen an den Maschinen beheben. Gelang ihnen das nicht, wurde ein Deutscher gerufen. Um die Arbeitsdisziplin zu erhöhen, wurde den jungen Frauen gedroht. Sollten sie nicht Acht geben und Fehler machen, würden ihnen die Haare wieder abge-

---

[163] Interview mit Judith Nyitrai 1988.
[164] Interview mit Käthe Forgács 1989.
[165] Interview mit Judith Nyitrai 1988.
[166] Baranowski 1995, S. 133.

schnitten. „Und das war die größte Strafe für uns, weil dann hatten wir schon einen Zentimeter oder eineinhalb Zentimeter lange Haare. Und dass man uns die Haare wieder abschneidet, das war doch schrecklich. Und darum haben wir wirklich aufgepasst", so Judith Nyitrai.[167] Entsprechend verneinte sie auch die Frage, ob sie bei der Arbeit an die Möglichkeit von Sabotage gedacht hätte. Rozalia Popovici dagegen gab an: „Wir haben alles getan, damit der Krieg zu Ende geht. Es wurde also langsam produziert." Einmal sei ein Hauptscharführer vom KZ Buchenwald gekommen, habe festgestellt, dass sie nicht gut arbeiteten und habe gedroht, sie würden nach Buchenwald transportiert.[168]

In anderen Hallen arbeiteten die Ungarinnen nicht so isoliert von Deutschen. „Erinnern Sie sich, wie die Aufseherin Acht gegeben hat, wenn Sie bei unserem Tische standen und mit uns gesprochen haben?", fragte Klará Mesková 1947 in einem Brief an den Meister F.[169] Es bestand also nicht überall eine völlige räumliche Trennung von Ungarinnen und Deutschen. Eine Frau aus dem nahen Dorf Brehme, einst im Polte-Werk beschäftigt, berichtete, die Möglichkeiten zur Toilette zu gehen seien geregelt und begrenzt gewesen. Das habe eine hochschwangere Ungarin an ihrem Arbeitstisch in Not gebracht. Andere Frauen hätten deshalb auf das eigene Recht, die Toilette aufzusuchen, zu Gunsten der Schwangeren verzichtet.[170] Auch Rozalia Popovici berichtete, mit deutschen Frauen zusammen an einem Arbeitstisch gesessen zu haben.

War in Halle 17 die Arbeit verhältnismäßig leicht, musste anderswo körperlich anstrengende Arbeit geleistet werden. Gabriella Farkas: „Ich kam zur schwersten Arbeit. Wir mussten mit Eisen gefüllte zentnerschwere Kisten heben."[171] Rücksicht darauf, dass es sich um Frauen handelte, wurde also nicht genommen. Fast alle, die 1945 in Budapest Angaben zu ihrer Arbeit im Polte-Werk gemacht haben, äußerten, „sehr schwer" sei sie gewesen.

Die Dauer der Arbeitszeit trug sicher auch dazu bei, dass die Arbeit als so schwer empfunden wurde. Gearbeitet wurde täglich, also auch sonntags, und in wöchentlich wechselnder Tag- und Nachtschicht. Das ist mehreren der Protokolle von 1945 zu entnehmen wie auch aus den erhaltenen Berichten der SS über den Arbeitseinsatz zu ersehen. Diese Berichte, die der Kommandoführer als „Arbeitseinsatzführer" täglich zu erstellen hatte, wurden vom Polte-Werk gegengezeichnet. Der Arbeitsbeginn und der Arbeitsschluss variierten zwischen dem 13. und dem 19.11.1944. Vom 20.11. an bis zum 30.11.1944 begann die

---

[167] Interview mit Judith Nyitrai 1988.
[168] Interview mit Rozalia Popovici 1996.
[169] Briefe 1944/45 von Klára Mesková, geb.Brener, und Maria Diamant, an den ehemaligen Meister F.
[170] Mitteilung in einem Gespräch mit dem Verfasser.
[171] Protokoll, Budapest 1945.

Tagschicht regelmäßig um 7 Uhr und dauerte bis 17.30 Uhr. Von 12.00 bis 12.30 Uhr war Arbeitspause. Die reine Arbeitszeit betrug also 10 Stunden

Judith Nyitrai 1988 vor Halle 17, in der sie 1944/45 arbeiten musste

täglich. Die Nachtschicht dauerte länger. Sie begann um 18 Uhr bzw. um 18.15 Uhr und endete um 6.30 Uhr. Pause war von 24.00 bis 0.30 Uhr. In der Nachtschicht mussten also nach Abzug der Pause 11,75 bis 12 Stunden gearbeitet werden. Nur für einen Tag war festzustellen, dass erheblich kürzer gearbeitet wurde: Am 19. November 1944 dauerte die Tagschicht von 7 bis 13 Uhr und die Nachtschicht begann um 18 Uhr. Im Dezember 1944 wurde einer Monatsaufstellung zufolge an 30 Tagen gearbeitet. Für den 1. März 1945 liegt dann wieder eine Tagesmeldung über den Arbeitseinsatz vor. Tag- und Nachtschicht waren gleich lang, 12 Stunden nach Abzug der 30-Minuten-Pause.[172] Den Arbeitszeiten hinzuzurechnen sind noch die Appelle, bei denen die Häftlinge in Fünferreihen stehend, oft auch sinnlos lange stehend, abgezählt wurden. Aus den Dokumenten der SS geht nicht hervor, wie der wöchentliche Wechsel zwischen Tag- und Nachtschicht erfolgte. Judith Nyitrai zufolge geschah dies jeweils am Sonntag.

Arbeitsschutzbestimmungen, wie sie für deutsche Arbeiterinnen und Arbeiter galten, gab es für die jüdischen KZ-Häftlinge nicht. Das wird an den langen Arbeitszeiten und an körperlicher Schwerstarbeit deutlich, die Frauen zugemutet wurde. Käthe Forgacz berichtete von Pigmentverfärbungen der Haut an den Armen und im Gesicht. Sie war also ungeschützt giftigen Stoffen ausgesetzt.[173]

Die Ungarinnen arbeiteten folglich zu anderen Bedingungen als die deutschen Arbeitskräfte im Polte-Werk.[174] Dies wird umso deutlicher, wenn ihr Arbeitseinsatz im Zusammenhang mit den sonstigen Lebensverhältnissen im Lager am Euzenberg betrachtet wird: Unterernährung, unzureichend gegen Kälte schützende Kleidung und mangelhafte medizinische Versorgung. So gesehen entsprach die Arbeit der KZ–Häftlinge im Polte-Werk der berüchtigten Verfügung des SS-Wirtschafts- und Verwaltungshauptamts vom 1. Mai 1942: „Dieser Einsatz muß im wahrsten Sinne des Wortes erschöpfend sein, um ein Höchstmaß an Leistungen zu erreichen … Die Arbeitszeit ist an keine Grenze gebunden … Alle Umstände, welche die Arbeitszeit verkürzen können, (Mahlzeiten, Appelle u. a.) sind daher auf ein nicht mehr zu verdichtendes Mindestmaß zu beschränken."[175] Zunächst für die SS-eigenen Betriebe erlassen, galten diese Bestimmungen dann auch für die Außenkommandos. Bei knapper werdenden Häftlings-Ressourcen folgten zwar Anweisungen, mit der Ware Mensch etwas pfleglicher umzugehen, aber die Praxis des Arbeitseinsatzes in den Konzentrationslagern wurde dadurch nicht verändert. Wessen Arbeitskraft erschöpft war, wer nicht mehr arbeiten konnte, wurde ins Stammlager zurück-

---

[172] Arbeitseinsatzmeldungen des Außenkommandos Duderstadt.
[173] Notiz über ein Gespräch am 23.7.1990.
[174] Vgl. Gerlach/Aly 2004, S. 167.
[175] Zitiert nach Ragwitz 1984, S. 34.

gebracht, um ihn dort zu umzubringen. Nach Buchenwald zurückgeschickte arbeitsunfähige Häftlinge „wurden zumeist sofort getötet. Zwar gab es in Buchenwald keine Vernichtungseinrichtungen wie in Auschwitz, dafür aber den Mord durch Injektionen im Krankenbau, das sog. ‚Abspritzen'".[176] In Bergen-Belsen wurde 1944 ein Aufenthaltslager für erschöpfte und kranke Häftlinge eingerichtet, aber ohne das Bemühen, sie gesundheitlich wieder herzustellen, und mit entsprechend hoher Todesrate.[177]

Dem bis dahin bekannten Zweck von Arbeit, etwas zu bewirken, zu schaffen, herzustellen, zu gewinnen, fügte die SS einen weiteren hinzu: Arbeit als Ausdruck der totalen Macht über den Häftling, als Mittel, ihn auszumergeln und zu vernichten.[178]

Vom 13. bis 20.11.1944 arbeiteten im Durchschnitt täglich 708 der Ungarinnen im Polte-Werk, 30 waren als „Lagerpersonal" beschäftigt – was auch immer sie dort tun mussten –, zwei waren als „Lagerhandwerkerinnen" tätig. Einige waren krank. Vom 21. bis 30. 11. 1944 gab es das Lagerpersonal nicht mehr, die Zahl der im Polte-Werk arbeitenden Ungarinnen stieg auf durchschnittlich 726. Diese Daten aus den Tagesmeldungen des SS-Arbeitseinsatzführers der einzelnen Frauenaußenkommandos des KZ Buchenwald wurden in der Kommandantur in Weimar-Buchenwald zweimal monatlich zu Listen über Anzahl und Einsatz der weiblichen Häftlinge zusammengestellt. Diese Listen bildeten die Grundlage für die Bezahlung der geleisteten Arbeit durch das Polte-Werk.

Die Ungarinnen in Duderstadt waren als Hilfsarbeiterinnen eingestuft. Ihre Vorbildung war also bedeutungslos. Ebenso spielten die gegenüber der SS angegebenen Berufe keine Rolle. Das Polte-Werk musste je Hilfsarbeiterin und Arbeitstag 4 Reichsmark bezahlen. Im Februar 1945 arbeiteten die gefangenen Frauen im Polte-Werk Duderstadt insgesamt 226 121 Stunden. Das entsprach 19732 Tagewerken[179] mit je 11,5 Stunden Arbeitszeit. Das Polte-Werk hatte folglich für Februar 1945 die damals sehr ansehnliche Summe von 78 928 Reichsmark als Arbeitslohn zu überweisen – an die SS. Genau: an das KZ Buchenwald. Die Frauen erhielten davon nichts. Sie schufteten für den Profit des Polte-Werks und die Bereicherung der SS ganz ohne Bezahlung – als ihrer Freiheit und ihres Lohnes beraubte Sklavenarbeiterinnen. Eugen Kogon hat dargelegt, wie die SS sogar Wirtschaftlichkeitsberechnungen darüber anstellte, welchen Gewinn ihr der Arbeitseinsatz verliehener KZ-Häftlinge bei einer als

---

[176] Tollmien 2001, S. 10.
[177] Kolb 2002, S. 36 f.
[178] Sofsky 2004, S. 193 ff.
[179] Liste „Häftlingseinsatz für Rüstungszwecke im Monat F e b r u a r 1 9 4 5".

KL. Kdo Duderstadt+   Arbeitseinsatz /Frauen/   den 1.3.1945   194.

Häftlingskommando für: .Polte Werk, Duderstadt   1396

Genehmigungsnummer: _____

Gesamtstärke: _____   Überasg'ro: 750.

Posten: 2/14 u. 18 Aufseherinnen   l..ai.Z.1945   724

Häftlingsfacharbeiter: _____   Zaga..

Häftlingshilfsarbeiter: Kranke! ___   Gurt.

Häftlingslehrlinge: Schneiderin   Zugänge: 26

Schonungskranke   26   750

Arbeitsbeginn: 600 u. 1800

Arbeitsschluss: 18.30 u. 6.30

Arbeitspausen: von 1200 bis 12.30

       2400   0.30

F.d.R.

[Unterschrift]

Hauptscharführer

Arbeitseinsatzführer

KL/6/8.44 5oo.ooo

Anerkannt:

POLTE Werk Duderstadt

Leiter der Aussendienststelle!
Betriebsführer. Bauführer.

Arbeitseinsatzmeldung am 31. 1.1945 (Archiv Buchenwald)

68

durchschnittlich angenommenen dreivierteljährigen Überlebensdauer einbräch-
te.[180]

9. 02 Das Essen

Hunger gehörte zu jedem KZ. Er war Instrument der Machtausübung, der
systematischen Erniedrigung und der Vernichtung von Menschen. In Duderstadt
war es das Polte-Werk, das die Menschen für sich arbeiten und dabei hungern
ließ. Denn die Firma Polte hatte es übernommen, gegen Bezahlung durch das
Konzentrationslager Buchenwald für die Verpflegung der jüdischen Häftlinge
des Außenkommandos zu sorgen.[181] Die Köchin M. hatte vor ihrer Ausbildung
zur SS-Aufseherin in der Küche für die deutschen Mitarbeiter des Polte-Werks
gearbeitet. Nun sorgte sie für das Essen der KZ-Häftlinge, qualitätsmäßig noch
schlechter als das Essen für „Fremdarbeiter". Wie sehr die ungarischen Frauen
in Duderstadt durch Hunger gequält wurden, läßt sich schon daran erkennen,
dass in allen Budapester Protokollen von 1945 die unzureichende Ernährung
erwähnt wird. „Unsere Verpflegung war sehr schlecht." – „Die Verpflegung war
ganz schwach." – „Unsere Ernährung war sehr schlecht." – „Wir bekamen sehr
wenig zu essen." – „Wir haben nur wenig zu essen bekommen." – „Unsere Kost
war weniger wie minimal und wir litten riesig unter Hunger." Durch die Zu-
sammenschau aller Aussagen lässt sich die Tagesration erkennen: Es gab
morgens eine Art Kaffee, mittags eine „undefinierbare", „wässrige" Suppe,
abends zunächst etwa 400 Gramm Brot, manchmal etwas Margarine oder
Wurst. Brot konnten am nächsten Morgen also nur diejenigen essen, die es
schafften, sich von der Abendration etwas für den nächsten Tag aufzuheben. Die
Brotzuteilung wurde mit der Zeit auf 200 bis 250 Gramm täglich verringert.
Diese geringe Menge und die schlechte Qualität des Essens entsprach dem, was
in Konzentrationslagern üblich war. Kein Wunder, dass manche Frauen Rüben
zu stehlen versuchten und die Gefahr, dafür bestraft zu werden, in Kauf nahmen.
Die Suppe wurde in einer Kantine des Polte-Werks eingenommen. Es gehörte zu den Aufgaben der Aufseherinnen, die Häftlinge in der Arbeitspause
dorthin zu führen und sie dann auch wieder an den Arbeitsplatz zurückzube-
gleiten. Zwei der Aufseherinnen beurteilten das Essen für die jüdischen Gefangenen unterschiedlich. Die eine sagte bei ihrer Vernehmung 1963: „Die Verpflegung der jüdischen Mädchen mag wohl gerade so eben ausreichend gewesen
sein, zu viel bekamen sie jedenfalls nicht. Ich selbst habe noch, wenn es möglich war, Brot von zu Hause, Gieboldehausen, mitgebracht und den Mädchen

---

[180] Kogon o. J., S. 360 f.
[181] Pischke 1992, S. 290.

gegeben."[182] – Die andere erklärte im Gespräch 1989, der letzte Lagerkommandant sei sehr menschlich gewesen. Er sei jeden Tag in die Küche gegangen, um das Essen für die Häftlinge zu überprüfen. Das Essen sei ordentlich gewesen.[183]

Käthe Forgacz und ihre Mutter erhielten im Polte-Werk gemeinsam einen Becher, den sie auch nach ihrer Befreiung aufbewahrten.

Der Becher von Käthe Forgacs und ihrer Mutter

---

[182] Ermittlungsakten der Staatsanwaltschaft Göttingen 1963.
[183] Interview mit der ehemaligen Aufseherin U. 1989.

9. 03 Die Kleidung

Aus Auschwitz waren die Frauen in Kleidern, ohne Unterwäsche, ohne Strümpfe und mit Holzschuhen abgefahren. In Bergen-Belsen hatten einige, jedenfalls Helena Wild, irgendwoher etwas an Kleidung dazubekommen, andere nicht. In Duderstadt wurde die Kleidung weiter ergänzt, aber auch hier nicht der winterlichen Jahreszeit und zivilisierten Verhältnissen angemessen. Käthe Forgacz musste einmal zur Strafe im Schnee knien. Dabei besaß sie weder Unterwäsche noch Strümpfe.[184] Etwas besser ausgestattet war am Ende Judith Nyitrai. Sie war auch in Duderstadt angekommen mit Holzschuhen, einem Kleid und sonst nichts. Irgendwann und irgendwie hatte sie sich eine Hose nähen können, verfügte über etwas Unterwäsche, dann auch über einen Mantel. Aber Strümpfe hatte sie in Duderstadt nie. Die Holzschuhe verursachten an den bloßen Füßen Wunden.[185] „Gegen Ostern haben wir hier noch wieder Kleider bekommen und Kopftücher.“[186]

Über den Mantel sagte Judith Nyitrai, er sei „gestreift" gewesen.[187] Eszter Kalisch erzählte, vor der Abfahrt in Auschwitz hätten sie „gestreifte Kleider" erhalten und hölzerne Schuhe. Die „Zivilbevölkerung hat uns gesehen in gestreiften Kleidern".[188] Als Klára Brener und Maria Diamant 1945 wieder zu Hause ankamen, hatten sie „nur die K.Z.Kleider, die wir noch in Auschwitz bekamen".[189] - Damit lässt sich nicht belegen, dass alle Frauen in Duderstadt die zebragestreifte Häftlingskluft getragen hätten. Aber alle waren an ihrer Kleidung als KZ-Häftlinge kenntlich gemacht. Jedem weiteren Kleidungsstück, das hinzukam, wurde auf dem Rückenteil mit Ölfarbe ein roter Streifen aufgepinselt.[190] Und vorn trugen die Häftlinge zur klassifizierenden Kennzeichnung einen farbigen Winkel mit der Häftlingsnummer. Judith Nyitrai erinnert sich etwas unsicher an ein „grüneckiges, gelbes Grüneck".[191] Ein solches Zeichen war tatsächlich gebräuchlich bei den nationalsozialistischen Schergen: ein Judenstern, aus einem grünen und einem gelben Dreieck zusammengesetzt. Dies war das Häftlingszeichen für „kriminelle Juden in befristeter Vorbeugungshaft". Der Benennung als „Politische Ungarinnen-Jüdinnen", welche die SS für die

---

[184] Interview mit Käthe Forgács 1989.
[185] Interview mit Judith Nyitrai 1988.
[186] Interview mit Helena Wild 1989; ein sprachlicher Fehler des in Deutsch geführten Interviews ist stillschweigend korrigiert.
[187] Ebd.
[188] Interview mit Ester Kalisch.
[189] Briefe 1946/47 von Klára Mesková, geb. Brener, und Maria Diamant an den ehemaligen Meister F.
[190] Ebd.
[191] Ebd.

Duderstädter Häftlinge gebrauchte, würde allerdings eher das Zeichen für „jüdische politische Schutzhäftlinge" entsprechen – ein Judenstern, zusammengesetzt aus einem roten und einem gelben Winkel.[192]

Zwei der Ungarinnen arbeiteten den Tagesmeldungen zufolge nicht im Polte-Werk, sondern als Schneiderinnen im Lager. Es lässt sich vermuten, dass sie Häftlingskleidung auszubessern hatten.

9. 04 Die Strafen

Die Häftlinge wurden durch Drohungen und Strafen diszipliniert. Verstöße gegen die Lagerordnung – auch das KZ hatte seine Ordnung – wurden zur Abschreckung hart geahndet. In Duderstadt „beschränkten" sich Strafen auf das Drohen mit dem Tod (das musste man nach Auschwitz ernst nehmen), Knien im Schnee, Schläge, Entzug des Essens. Die aus der Sicht der jungen Frauen wohl schwerste Strafmaßnahme bestand im erneuten Scheren der Kopfhaare.[193] Manchmal aber hatten die Frauen auch Glück und kamen ohne Strafe davon. Helena Wild erinnerte sich an einen Vorfall bei der wöchentlichen Kontrolle der Zimmer durch den Oberscharführer: „Unser Zimmer hatte die Nummer 11. Der Oberscharführer schrie: ‚Zimmer 11 heraus!' Wir erwarteten, dass er uns sicher loben würde, weil wir das Zimmer so sauber aufgeräumt hatten. Zu unserem Unglück aber hatte eine von uns Unterwäsche ausgewaschen und zu dicht am Ofen aufgehängt. Das Kleidungsstück begann zu brennen und wir mussten nun beweisen, dass wir nicht das Zimmer anzünden wollten. Er hat uns geglaubt. Nach meinen Erinnerungen haben wir keine Strafe bekommen."[194]

9. 05 Krankheit, Tod und Geburt

Vier der Frauen aus Ungarn sind den Aufzeichnungen der SS zufolge in Duderstadt gestorben[195]:

am 16.11.1944 Erzsebet Becker, 18 Jahre alt,
am 18.11.1944 Lea Kalisch, 17 Jahre alt,
am 28.11.1944 Margit Groszmann, 25 Jahre alt,
am 08.01.1945 Maria Schwartz, 26 Jahre alt.

---

[192] Lamm 1984, S. 311.
[193] Babetta Fuchs, Protokoll Budapest 1945.
[194] Interview mit Helena Wild 1989. Der Originaltext ist hier gestrafft.
[195] Bestandsübersicht des Außenkommandos Duderstadt vom 4.11.1944 bis 8.1.1945.

Betrachtet man die Daten der Todestage, dann fällt auf, dass drei Frauen innerhalb von vier Wochen nach ihrer Ankunft in Duderstadt gestorben sind. Lea Kalisch war bereits in Auschwitz krank. Eszter Kalisch berichtete, wie sie das Leben ihrer Schwester zu retten versuchte: „Ich wollte, sobald es möglich ist in einen Transport kommen, weil meine Schwester sehr schwach war. Ihr Zustand verschlechterte sich von Tag zu Tag, und ich habe Angst gehabt, dass man sie ins Gas nehmen wird. Am 20. September ist es uns gelungen, mit meiner Schwester zusammen von Auschwitz wegzugehen. Am 24. September sind wir in Bergen-Belsen angekommen ... Meine kleinere Schwester wurde immer schwächer, und sie hat viel abgenommen. Einmal habe ich mir den Mut genommen und bin zu den Deutschen hingegangen. Es war ein Kreuzweg, bis es gelungen ist. Und ich habe ihn gebeten, dass er mich mit meiner Schwester zusammen in einen Arbeitstransport geben soll. So sind wir ... in Duderstadt in einer Munitionsfabrik angekommen. ... In Duderstadt habe ich meine Schwester verloren. An Schwäche ist sie gestorben, sie wog damals 30 Kilogramm.“ [196] 1989 ergänzte Lea Kalisch ihre Aussage von 1945: Ihre Schwester habe in Duderstadt kein Essen bekommen, weil sie nicht zur Arbeit gegangen sei. – Die Suppe gab es nämlich, wie oben dargestellt, in der Kantine im Polte-Werk. Wo das Brot ausgeteilt wurde, ist unbekannt. – Sie habe ihrer Schwester Brotsuppe gekocht [197] – sicherlich auf dem Ofen im Lager, denn das war die einzige Möglichkeit, dies zu tun.

Das Schnellverfahren zur Auslese der Arbeitsfähigen nach Art der Selektionen war eben nicht gerade zuverlässig. Dafür gibt es weitere Beispiele. Die Mutter von Rozalia Popovici war zuckerkrank. Sie hatte Wunden und einen Ausschlag. Aber sie hatte in Auschwitz Glück, wie die Tochter berichtete: „Eine andere Frau wurde herausgesucht, die auch krank war. Ich habe meine Mutter schnell vorbeigeschoben.“ [198]

Auch zwei schwangere Frauen trafen in Duderstadt ein. Beide sollten im Januar 1945 nach Bergen-Belsen zurückgebracht werden. Mit einer der beiden wurde auch so verfahren. Die Politische Abteilung des KZ Buchenwald fertigte dazu am 3. Februar 1945 einen Vermerk an:

„Nach Mitteilung des Akdos Duderstadt wurde der nachstehende weibl. Häftling am 26. Jan. 45 an das KL. Bergen-Belsen zurücküberstellt. Fischer, Magda   geb. 18. 6. 16   Hftl-Nr. 42152   Polit.Ung./Jüdin“. [199]

---

[196] Protokoll, Budapest 1945.
[197] Interview mit Eszter Kalisch 1989.
[198] Interview mit Rozalia Popovici 1996.
[199] Überstellung eines weiblichen Häftlings vom Akdo Polte-Duderstadt nach KL. Bergen-Belsen.

Am 27. Januar 1945 um 4 Uhr 30 brachte Magda Fischer, „wohnhaft in Bergen-Belsen", einen Jungen zur Welt. Er erhielt den Namen Laszlo. Vater war der Kaufmann Alexander Fischer, „israelitischer Religion, Ungar". Die Eltern des im Konzentrationslager geborenen Kindes hatten am 8.6.1942 in Fajsz in Ungarn geheiratet.[200] – Im Gedenkbuch von Bergen-Belsen wird Magda Fischer als Häftling genannt. Unter den Überlebenden ist sie nicht verzeichnet.[201]

Die zweite Schwangere brachte ihr Kind in Duderstadt zur Welt. Über sie ist, nach hierin übereinstimmender Aussage von Käthe Forgács und Rozalia Popovici, einzig bekannt, dass sie unverheiratet war. Gemeinsam mit ihrer Mutter in Duderstadt inhaftiert, erlebte Käthe Forgacz die Geburt in ihrem Zimmer in dem steinernen Anbau an das Hauptgebäude mit. In deutscher Sprache berichtete sie: „Und eines Nachts hat sie das Kind geboren. Wir haben eine polnische Ärztin gehabt. Man hat sie gerufen. Und mit ihrer Hilfe ist das Kind geboren. Sie hat sehr geschrien in der Nacht und das Kind hab ich nur in der Früh gesehen. Es war finster und sie war so ungefähr acht Meter weit von meinem Bett entfernt. Ich wusste nicht, was passiert ist, weil ich sehr jung war. So etwas hatte ich noch nie in meinem Leben gehört. Und meine Mutter hat mir auch nicht gesagt, was passiert. ... Aber am Morgen, als es hell geworden ist, dann wusste schon jemand, dass ein kleines Kind geboren ist. ... Aber das Kind hat gelebt."– Über den weiteren Verbleib von Mutter und Kind kann Käthe Forgács nichts Sicheres sagen, meint aber, beide seien „transportiert" worden.[202]

In dem gleichen Raum war auch Rozalia Popovici untergebracht, ebenfalls mit ihrer Mutter, deren Bett neben dem der Gebärenden stand. Sie weiß Genaueres über den weiteren Verlauf: Ein SS-Soldat „hat eine Margarinekiste gebracht und hat das Kind in die Schachtel getan und hat es neben dem Zaun eingegraben."[203] Auch sie hat die junge Mutter dann nicht mehr gesehen.

Eine weitgehende Bestätigung dieser Aussagen findet sich in einem Schreiben des Kommandoführers Reißig an das KZ Buchenwald vom 27.1.1945. Darin teilt er mit, dass von den zwei Jüdinnen, die schwanger waren, nur eine nach Bergen-Belsen überstellt wurde. Die zweite sei im Lager geblieben, da das Kind vorzeitig angekommen und bereits verstorben sei. Somit erübrige sich der Austausch.[204] – Man kann vielleicht vermuten, dass diese junge Frau in der Krankenstation des Lagers untergebracht wurde und damit dem Blickfeld der anderen entzogen war.

---

[200] Geburtsurkunde vom 28. Januar 1945.
[201] Gedenkbuch Bergen-Belsen 1994.
[202] Interview mit Käte Forgács 1989.
[203] Protokoll mit Rozalia Popovici 1996.
[204] Meldung des Kommandoführers Reißig an den Arbeitseinsatz des KL Buchenwald.

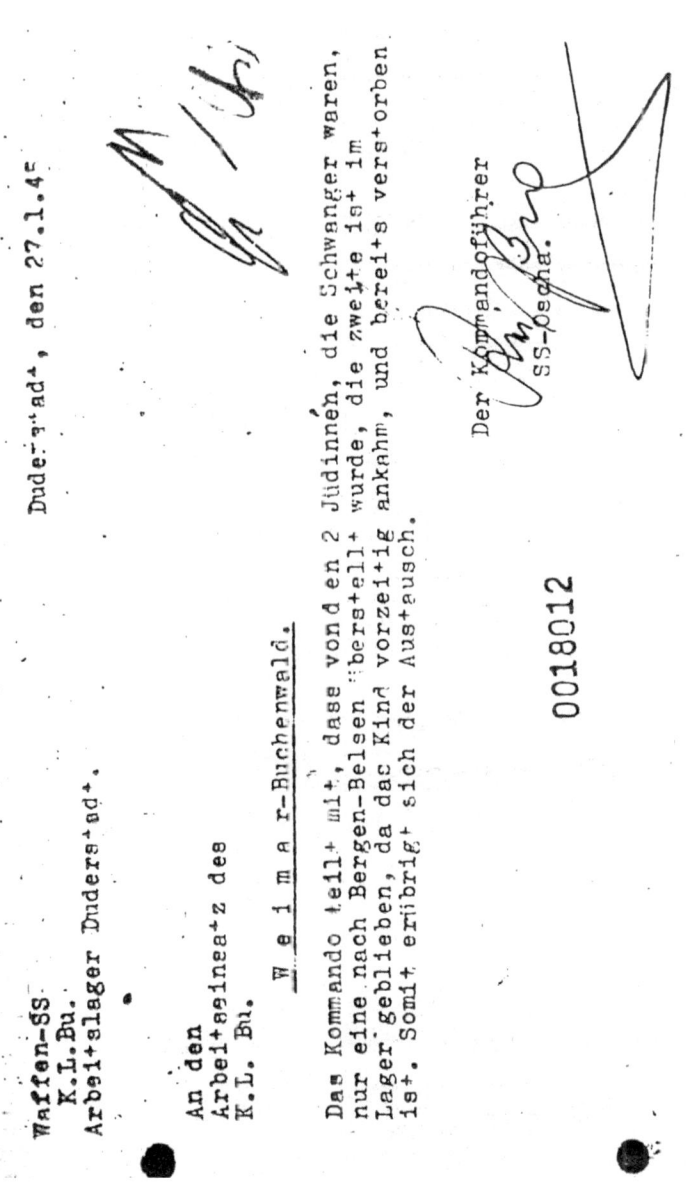

Waffen-SS
K.L.Bu.
Arbeitslager Duderstadt.

Duderstadt, den 27.1.45

An den
Arbeitseinsatz des
K.L.Bu.

W e i m a r - Buchenwald.

Das Kommando teilt mit, dass von den 2 Jüdinnen, die Schwanger waren, nur eine nach Bergen-Belsen überstellt wurde, die zweite ist im Lager geblieben, da das Kind vorzeitig ankam, und bereits verstorben ist. Somit erübrigt sich der Austausch.

Der Kommandoführer
SS-Oscha.

0018012

Meldung des Außenkommandos Duderstadt vom 27.1.1945
(Kopie in der Gedenkstätte Buchenwald)

Die Toten der Außenkommandos wurden zur Verbrennung meist in die Stammlager gebracht.[205] Buchenwald und Bergen-Belsen waren aber weit entfernt von Duderstadt. Deshalb suchte man nach Möglichkeiten der Entsorgung, so muss man wohl schreiben, am Ort. Es ist davon auszugehen, dass die Leichen der im Außenkommando Duderstadt gestorbenen Frauen, würdelos wie das Kind beim Zaun, auf dem verwüsteten und 1940 eingeebneten jüdischen Friedhof vergraben wurden. Dafür liegen zwar keine amtlichen Dokumente vor, es gibt aber zwei Zeugen dafür.

Am 23. 4. 1949 wurde der frühere SS-Mann W. S. vernommen. Laut Protokoll der Polizeiabteilung der Stadt Bad Lauterberg sagte er aus: „Ich weiß, dass in der Zeit vom Aufbau bis zum Abtransport 1945 nur 2 Jüdinnen gestorben sind. Soweit ich mich erinnern kann sind die beiden Frauen im Januar gestorben. Es war Frost im Boden und ich selbst mit SS Oberscharführer Reißig ... und 2 Wachleute haben die Gräber ausgehoben und die Särge selbst in die Gräber gestellt. Die Beerdigung fand auf dem damals als Judenfriedhof bezeichneten Grundstück hinter dem Krankenhaus statt. Ich bin der Überzeugung, die Stelle wieder aufzufinden, wo die Beerdigung stattfand. Die Gräber wurden gleich eingeebnet, weil die Anordnung von Buchenwald es vorschrieb. Ich glaube auch, dass dieses Land wieder zur Nutzung – Gemüseanbau – verwendet wurde.“[206] Eine Abschrift dieses Protokolls wurde an den Polizeikreis Duderstadt geschickt.

Als am 23.7.1989 die Stadtführerin A. eine Gruppe ehemaliger Häftlinge des Außenkommandos Duderstadt auf den jüdischen Friedhof begleitete, erzählte sie dort, sie habe während des Krieges in der Stadtverwaltung Duderstadt gearbeitet. Sie erinnere sich daran, wie es einmal um die Frage ging, wo ein gestorbener Häftling zu beerdigen sei. Man habe sich für den jüdischen Friedhof entschieden.[207]

So anonym, wie 1944/45 von der SS angelegt, sind diese Gräber bis heute.

9. 06 Die Krankenstation

Über den Gesundheitszustand der Gefangenen in Duderstadt ist wenig bekannt. Drei der in Duderstadt gestorbenen Frauen – so der ehemalige Duderstädter Standesbeamte Joseph D. – waren nach Mitteilung des Internationa-

---

[205] Kogon o. J.: S. 283.
[206] Protokoll der Vernehmung des W. S., 1949.
[207] Gespräch mit der Stadtführerin A. 1989. – Auch der „Heimatgeschichtliche Wegweiser zu Stätten des Widerstands und der Verfolgung 1933 – 1945“ des VVN, 1985, S. 19, weist auf den jüdischen Friedhof als Begräbnisort hin, ohne Angabe von Quellen.

len Suchdienstes an Tuberkulose erkrankt.[208] Der Krankenstand – Kranke und
so genannte „Schonungskranke" zusammen – war äußerst niedrig. Er lag im
Dezember 1944 bei nur 2,6 Prozent[209], also unter den etwa 4 Prozent der Beschäftigten in der Wirtschaft der Bundesrepublik heute. Aber diese Zahl gibt nur
an, wie viele Kranke unter den KZ-Häftlingen nicht gearbeitet haben; sie sagt
über den Gesundheitszustand der Frauen im Außenkommando Duderstadt und
den tatsächlichen Krankenstand nichts Verlässliches und Vergleichbares aus.
Zwar waren die Frauen jung, aber sie lebten und arbeiteten unter Bedingungen,
die ihre Gesundheit beeinträchtigen mussten. Als krank wurde nur anerkannt,
wer mindestens 38 Grad Fieber hatte.[210] Außerdem vermieden die Frauen, sich
krank zu melden. Sie hatten begründete Angst, als Arbeitsunfähige „zurücküberstellt" zu werden. Wussten sie doch, woher sie gekommen waren.[211]

Betriebsarzt des Polte-Werks war der SS-Sturmbannführer Dr. August Otto
aus Duderstadt. Er war auch für das Außenkommando Duderstadt zuständig,
wie einer Auflistung des Standortarztes der Waffen-SS Weimar-Buchenwald
vom 31.1.1945 zu entnehmen ist.[212] Er trug damit Verantwortung für die medizinische Versorgung der KZ-Häftlinge und war berechtigt, deren Lager zu
betreten. Behandelt wurden die Ungarinnen jedoch durch die polnische Lagerärztin Ryfka Saposhnikow.[213] Aus einem der Interviews geht hervor, dass die
Ungarinnen eine ungarische Ärztin, die sich unter ihnen befand, als Lagerärztin
bevorzugt hätten.[214] In der Krankenstation arbeitete eine Pflegerin, wohl Alina
Saposhnikow, die Tochter der Ärztin.

„Viel hat sie auch nicht gehabt", sagte Helena Wild über die Arbeitsmög-
lichkeiten der Medizinerin.[215] Genaueres ist über das Krankenrevier im Außenkommando Duderstadt nicht bekannt. Es wäre aber ganz falsch, von heutigen
Vorstellungen auszugehen und sich unter der Krankenstation eine Einrichtung
vorzustellen, die medizinischen Erfordernissen auch nur einigermaßen genügt
hätte. Wer zumindest ein ganz ungefähres Bild von der medizinischen Versorgung Gefangener im „Dritten Reich" gewinnen will, sei verwiesen auf die
Erinnerungen des italienischen Kriegsgefangenen Beppi Chiampo an das Lager
für italienische „Militärinternierte" im nicht weit entfernten Hilkerode: Die
Visite des Rhumspringer Arztes Dr. Brümann bei den kranken Italienern „er-

---

[208] Ermittlungsakten der Staatsanwaltschaft Göttingen 1963.
[209] Errechenbar aus einer Zusammenstellung des KZ Buchenwald über den
    Arbeitseinsatz der Häftlinge des Außenkommandos Duderstadt im Dezember 1944
[210] Aussage von Bella und Paula Sámuel, Budapest 1945.
[211] Interview mit Helena Wild 1989.
[212] Veröffentlicht in: „Buchenwald. Mahnung und Verpflichtung" 1961, S. 254 f.
[213] Interview mit Judith Nyitrai 1988.
[214] Interview mit Helena Wild 1989.
[215] Ebd.

folgte alle zwei oder drei Tage im Lager ..., wo in einer der vielen Baracken ein kleines Zimmer, das an einen zum Krankensaal umfunktionierten Schlafsaal angrenzte, zum Behandlungsraum bestimmt worden war. Die Einrichtung dieses Behandlungsraumes bestand aus einem kleinen Tisch und zwei Stühlen; keine Liege, kein Schrank für chirurgische Instrumente, Desinfektionsmittel und Medikamente, kein Wasser zum Händewaschen." Der Krankenpfleger habe mit ganz wenigen Medikamenten und spärlichem Verbandmaterial auskommen und sich „mit absolut unzulänglichen Mitteln" um die Hygiene kümmern müssen.[216]

Die Italiener befanden sich dabei in der Häftlingshierarchie während des „Dritten Reiches" über den jüdischen KZ-Häftlingen. Noch zutreffender ist es daher wohl, als Beispiel für Duderstadt die medizinische Versorgung im Außenkommando Allendorf des KZ Buchenwald heranzuziehen. Bei ihrer Ankunft dort fand die ungarische Ärztin Dr. Barany im Krankenrevier nur zwei Medikamente vor: eine schwarze Salbe, Ichtiol, mit der eitrige Wunden behandelt wurden, und Aspirin, das aber auch nicht immer verfügbar war. Der Werksarzt Dr. Lotz wurde an die Front geschickt, weil er Jüdinnen Medikamente hatte zukommen lassen.[217]

Die nächtliche Geburt in einem Schlafsaal mit 20 bis 30 Frauen und das Sterben von Lea Kalisch im Lager machen deutlich, dass eine Verlegung von KZ-Häftlingen in das wenige hundert Meter entfernte St.-Martini-Krankenhaus nicht in Betracht kam. Es ging eben nicht darum, das Leben der Gefangenen zu erhalten. War ihre Arbeitskraft erschöpft, wurde die – in den Augen der SS – Wegwerfware Häftling durch den nächsten ersetzt.

9. 07 Fünf weitere Häftlinge

Durch die Todesfälle und den Rücktransport einer Gefangenen nach Bergen-Belsen war die Stärke des Arbeitskommandos gegen Ende Januar 1945 auf 745 Frauen gesunken. Um die ursprüngliche Stärke wieder herzustellen, schickte die SS fünf weitere Frauen aus dem KZ Bergen-Belsen nach Duderstadt. Sie trafen am 28. Januar 1945 dort ein, unter ihnen laut Transportliste auch Piri Hoffmann.[218] Sie war nicht mehr über Auschwitz nach Bergen-Belsen gelangt. Seit dem 8. November 1944 wurden Juden aus Budapest – Frau Hoffmann vom Kisok-Stadion aus – von ungarischen Helfershelfern der Deutschen, den Pfeilkreuzlern und den Gendarmen, 220 km weit zur österreichischen Grenze getrie-

---

[216] Chiampo 2005, zitiert nach dem Manuskript. Das Buch erscheint im März 2005.
[217] Klewitz1986, S. 240.
[218] „Neuzugänge vom 3. März 1945", Vermerk der Politischen Abteilung des KZ Buchenwald.

ben, täglich 25 bis 30 Kilometer, traktiert mit Kolbenstößen, Peitschen- und Stockhieben. Trotz des eisigen Wetters mussten diese Menschen im Freien übernachten oder auf Schleppkähnen auf der eisführenden Donau. Viele stürzten sich verzweifelt in den Fluss oder wurden auch von den Gendarmen von den Stegen gestoßen. Zu essen gab es täglich nur eine dünne Suppe oder auch nichts. Wer unterwegs nicht mehr konnte, insbesondere Alte und Kinder, wurde erschossen.[219] An der Grenze bei Hegyeshalom wurden die Juden der SS übergeben. „Dort hat man uns in Waggons geladen, und nach vier Tagen sind wir nach Lanzberg [Landsberg] gekommen. Das Wetter war schrecklich, es hat geregnet und geschneit. Wir haben nasse Kleider gehabt, und diese nassen Kleider sind auf unseren Körpern gefroren. In schrecklichem Zustand sind wir in die Baracken zurückgegangen."[220] Nach drei Wochen ging es von Landsberg aus weiter nach Bergen-Belsen und einen Monat später nach Duderstadt.

Am 3. März 1945 wurden die fünf Frauen von der Politischen Abteilung im KZ Buchenwald als Neuzugänge im „Akdo Polte-Duderstadt" registriert.[221]

9. 08 Besondere Ereignisse

Das Leben der Frauen im Barackenlager spielte sich hauptsächlich in den Gruppen, die sich gebildet hatten, und in deren Aufenthaltsräumen ab. In andere Zimmer seien sie nicht gegangen.[222] In ihren „vier Wänden" waren die Frauen unter sich. Dort konnten sie „singen oder plaudern oder etwas machen oder schlafen".[223]

Einmal gab es im Lager ein Fest. Gedichte wurden vorgetragen und Tänze vorgeführt. SS-Aufseherinnen und Wachsoldaten, so Frau Erdös, hätten zugeschaut und geklatscht.[224]

Auch der Jahreswechsel 1944/45 wurde gefeiert. Helena Wild erzählte, Silvester seien sie ein bisschen lustig gewesen, wären im Lager ein wenig herumgezogen und hätten vielleicht auch gesungen. Die Aufseherin habe sie gewähren lassen.[225]

---

[219] Gerlach, Christian/Aly, Götz 2004: S. 359 f.
[220] Protokoll Hoffmann Arminné (d.h. die Frau von Armin Hoffmann), Budapest 1945.
[221] „Neuzugänge vom 3. März 1945", Vermerk der Pol. Abteilung des KZ Buchenwald.
[222] Interview mit Käthe Forgács 1989.
[223] Interview mit Judith Nyitrai 1989.
[224] Notiz nach einem Gespräch mit Frau Erdös 1989.
[225] Interview mit Helena Wild 1989.

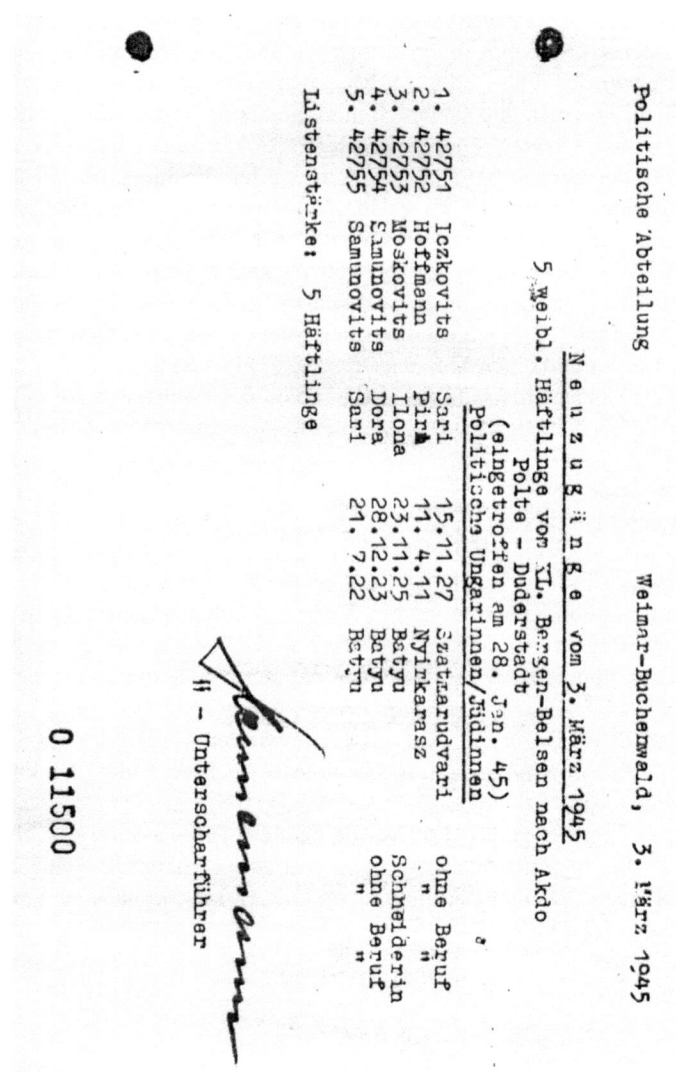

Politische Abteilung   Weimar-Buchenwald, 3. März 1945

N e u z u g ä n g e   vom 3. März 1945

5 weibl. Häftlinge von KL. Bergen-Belsen nach Akdo
Polte - Duderstadt
(eingetroffen am 28. Jan. 45)
Politische Ungarinnen/Jüdinnen

1.	42751	Iczkovits	Sari	15.11.27	Szatmarudvari	ohne Beruf
2.	42752	Hoffmann	Piri	11.4.11	Nyirkarasz	"
3.	42753	Moskovits	Ilona	23.11.25	Batyu	Schneiderin
4.	42754	Samuovits	Dora	28.12.23	Batyu	ohne Beruf
5.	42755	Samuovits	Sari	21.7.22	Batyu	"

Listenstärke: 5 Häftlinge

SS - Unterscharführer

0 11500

Zugangsliste vom 3. März 1945
(ITS Arolsen, Kopien: Yad Vashem, Gedenkstätte Bergen-Belsen)

9. 09 Die Deutschen und die ungarischen Jüdinnen

Direktor Ziemann erklärte 1983, die KZ-Häftlinge hätte im Werk völlig abgeschirmt gearbeitet, man hätte ihnen nicht einmal Lebensmittel oder andere Dinge zustecken können. (Dabei wurden die Ungarinnen vom Polte-Werk verpflegt.) Der NS-Betriebsobmann sagte 1963 aus, die Jüdinnen seien in zwei Werkräumen untergebracht gewesen, in denen auch deutsche und ausländische Arbeiter beschäftigt waren. Auch mehrere der ehemals gefangenen Frauen gaben an, keine oder nur sehr wenige Kontakte mit deutschen Zivilisten gehabt zu haben. Eszter Kalisch erklärte: „Die Zivilbevölkerung hat uns gesehen in unseren gestreiften Kleidern. Keiner hat gefragt."[226] Viele der Beschäftigten im Polte-Werk wussten wohl nicht so recht, was sie von den kahlgeschorenen, armselig gekleideten fremden Frauen halten sollten. „... die Arbeiter haben gedacht, dass wir sind Kriminelle. Sie haben gefragt: Was habt ihr getan, dass ihr so seid? Wir haben gesagt: Wir sind nur Juden."[227] Rozalia Popovici schrieb als Antwort auf Fragen der Gedenkstätte Buchenwald: „In der Fabrik arbeiteten auch deutsche Frauen, für die wir nicht existierten." Später, in einem Interview, berichtigte sie sich: „Ich schrieb in einem Brief, dass wir für die Frauen nicht existierten, aber es gab auch Ausnahmen." Eine Frau R. aus Duderstadt, die ihr gegenüber arbeitete, habe die Ungarinnen „angesehen" und einer sogar etwas geschenkt.[228] Damit hat Frau Popovici wohl den Regelfall und die dazu gehörige Ausnahme beschrieben.

„Manchmal hat man uns geglaubt, dass wir Menschen sind."[229] Selbst kleine menschliche Gesten haben die gefangenen Frauen wahrgenommen. Als sie in Duderstadt ankamen, mussten sie zu fünft antreten und ein „Chef" des Polte-Werks habe zu ihnen gesprochen. „Von wo seid ihr?", habe er gefragt.[230] Nicht viel, eine solche Frage. Aber durch das Gefühl, das sie in den Gefangenen auslöste, doch wert, über Jahrzehnte im Gedächtnis bewahrt zu werden. Hier sprach ein Zivilist die Jüdinnen als Menschen an. Das war ihnen von denen, in deren Gewalt sie sich befanden, seit Monaten nicht geschehen.

Menschlich verhielten sich auch die Meister im Polte-Werk. Das berichteten mehrere der Ungarinnen übereinstimmend. Sie „gingen ziemlich ordentlich mit uns um, Möglichkeiten zu Kontakten hatten wir übrigens kaum."[231] Ein Beispiel dafür schilderte Helena Wild: Jeden zweiten, dritten Tag musste ein deutscher

---

[226] Interview mit Eszter Kalisch 1989.

[227] Interview mit Helena Wild 1989.

[228] Interview mit Rozalia Popovici 1996.

[229] Aussage von Eszter Kalisch, Budapest 1945.

[230] Interview mit Helena Wild 1989.

[231] Lea Kalisch, Protokoll Budapest 1945.

Vorarbeiter oder Meister eine Maschine reparieren. Wir fragten: Was sollen wir inzwischen machen, bis das fertig ist. Er antwortete: „'Die Hände in die Taschen stecken und abwarten.' Er war nicht grob oder ... Er war so wie ein Mensch."[232] Gleiches geht aus dem Brief von Klára Brener vom 14. Mai 1946 an den ehemaligen Meister F. im Polte-Werk hervor: „Sie wissen ja gar nicht wie oft und jeden mit denen ich über unsere bitteren Erlebnisse in Deutschland gesprochen habe, habe ich immer Sie erwähnt, den einzigen Menschen, der sich menschlich benommen hat und mit uns gefühlt hat."[233]

Eine ehemalige Aufseherin sagte 1963 aus, einige der Ungarinnen wären auch in der Duderstädter Innenstadt gewesen, um in einer Fleischerei Pferdefleisch zu holen.[234] Wie bisweilen „kahlgeschorene Gestalten" unter Bewachung auf einfachen Karren billige Kaldaunen (Innereien), Magen und Darm und außerdem Fett, aus der Stadt holten, beobachtete der Duderstädter Malermeister Karl V. Die Bevölkerung habe Angst gehabt, mit den Gefangenen Kontakt aufzunehmen.[235] V. entging dabei, was sicher auch niemand bemerken sollte, dass es nämlich mutige und mitfühlende Einwohner oder Einwohnerinnen der Stadt gab, die den Frauen mit den Karren manchmal heimlich Äpfel, Brot oder auch ein Paar Strümpfe zuwarfen. Ebenso hier also wieder der Regelfall und die dazugehörigen einzelnen Ausnahmen.

Auch J. N. aus Gerblingerode nahe Duderstadt sah Häftlinge und Aufseherinnen in der Stadt. Als „Pimpf" der Hitlerjugend war er dort vor dem Haus der Jugend angetreten. Dieses Haus diente damals als Lazarett. Was er damals sah, hat sich ihm in einigen Details genau eingeprägt: Es kamen, ob mit einem Wagen oder Auto hatte er nicht bemerkt, junge Mädchen oder Frauen. Obwohl es Winter war, allerdings lag kein Schnee, trugen sie Holzpantinen, die Füße darin mit Lappen umwickelt oder barfuß. Die Frauen mussten Kübel mit Essen in das Haus tragen. Begleitet waren sie von gleichaltrigem Bewachungspersonal in Uniform: Käppi, schwarze Jacke und Rock, Lederstiefel, Koppel mit Pistole, in der Hand eine Peitsche mit kurzem Griff und mehreren Lederstriemen. Die Aufseherinnen schlugen nicht, trieben aber die Häftlinge an mit Rufen wie „Macht schneller, ihr Schweine!" oder ähnlich. N. wusste auch, dass eine der SS-Aufseherinnen eine Gerblingeröderin war.[236] Die Zusammenhänge dieses Transports von Essen sind unbekannt.

Neben die Angst, gegen die strengen, strafbewehrten Bestimmungen des NS-Staates für den Umgang mit Fremd- und Zwangsarbeitern zu verstoßen, trat

---

[232] Interview mit Helena Wild 1989; die Ausage ist teils zusammengefasst, teils wörtlich.
[233] Briefe von Klára Mesková, geb. Brener, und Maria Diamant an den ehemaligen Meister F.
[234] Ermittlungen der Staatsanwaltschaft Göttingen.
[235] Gespräch mit Karl Vollmer 1983.
[236] Protokoll des Gesprächs mit J. N. am 30.11.88.

die Angst vor den Fremden selbst. Die erniedrigende Behandlung derer, die die Nationalsozialisten zu Untermenschen erklärt hatten, ließ hungernde Menschen notgedrungen zu Dieben werden, wenn sich die Gelegenheit dazu bot, auf diese Weise den quälende Hunger zu lindern und die Überlebenschancen zu verbessern. Das diente dann wiederum zur Bestätigung der nationalsozialistischen Rassenideologie.

Für die Interessen der Duderstädter setzte sich Bürgermeister Andreas Dornieden ein. Als das Polte-Werk für 1943 die Errichtung eines neuen Barackenlagers plante, forderte er von der Außenstelle des Reichsministers für die Bewaffnung und Munition in Hannover, es müsse der „neue Wohnbarackenlagerplatz mit einem ca. 2 m hohen dichtschließenden Bretterzaun" umgeben werden. Dornieden begründete diese Forderung so: „Da das Barackenlager mit feindlichen Ausländern und russischen Kriegsgefangenen belegt werden soll, müssen besondere Vorkehrungen getroffen werden, die verhindern, dass die Lagerinsassen mit der Bevölkerung in direkte Berührung kommen können."[237] Gemeint war, versteht sich, die Duderstädter Einwohner müssten durch den Zaun vor den Fremden geschützt werden. In einem zweiten Schreiben wurde Dornieden noch deutlicher. Der Bretterzaun sei aus „rassenpolitischen Gründen" erforderlich. Die durch das „Wohnbarackenlager für Fremdstämmige ... gefährdeten rassischen und kulturellen Werte" seien bestimmt „höher zu werten als die geringen Einsparungen von Holz durch die Herstellung eines Lattenzaunes".[238] Ebenso wie, laut Dornieden, die Bewohner einer nahe gelegenen Wohnsiedlung forderten die dem Barackenlager benachbarten Deutschen Feilen- und Maschinenfabriken „Sicherheitsgewähr". In einem Brief an die Stadt Duderstadt verlangten sie, „bei dem geringen Schutz, den unser Werkgrundstück durch die paar Drahtstränge hat", müsse „der Abschluss des Barackenlagers von Polte auch nach unserer Seite mit einem 2 m hohen Bretterzaun" erfolgen.[239] Eine Verbesserung der Lebensverhältnisse für die Bewohner des Barackenlagers, so dass die Duderstädter von daher nichts zu befürchten hätten, forderten der Bürgermeister und die Feilenfabrik indes nicht. Sie handelten im Rahmen des nationalsozialistischen Herrschaftssystems. Das Ausbeutungs- und Unterdrückungsverhältnis, die Schlechterstellung von Menschen, die laut nationalsozialistischer Rassenlehre minderwertig waren, erschien als das Gegebene, gegen dessen negative Auswirkungen man sich durch entsprechende Maßnahmen schützen musste – in diesem Fall eben durch den zwei Meter hohen Holzzaun.

---

[237] Brief des Bürgermeisters der Stadt Duderstadt vom 12. Juni 1942.
[238] Brief des Bürgermeisters der Stadt Duderstadt vom 30. Juli.1942.
[239] Brief der Deutschen Feilen- und Maschinenfabriken vom 21.5.1943.

9. 10 Religiöse Aktivitäten

Auf religiöse Gesetze und Gebote des Judentums wurde im Außenkommando keine Rücksicht genommen. Am Sabbat und an Feiertagen musste gearbeitet werden, die Speisegesetze konnten nicht beachtet, Gebetszeiten nicht eingehalten werden. So ist es nicht verwunderlich, dass es keine Berichte über religiöse Aktivitäten im Außenkommando Duderstadt gibt. Die SS-Schergen handelten nach anderen als religiösen Vorgaben. Es kam auch kein christlicher Samariter des Wegs. Das Außenkommando Duderstadt war, soweit es rückblickend erkennbar ist und von welcher Seite man es auch betrachtet, keine Einrichtung, in der Religion eine Rolle gespielt hätte. Wie viele Gebete insgeheim gesprochen wurden, können wir allerdings nicht wissen.

9. 11 Informationen über den Kriegsverlauf

Die KZ-Häftlinge waren abgeschnitten von fast jeder Information über das Geschehen außerhalb ihres Lagers. Es gab, versteht sich, kein Radio, keine Zeitung, keine Post, kaum – und nur verbotenerweise – Kontakte zu Zivilisten. Aber alle Nachrichten total abzuschirmen gelang der SS doch nicht. Hin und wieder lag irgendwo ein Zeitungsausschnitt mit einer Information über den Frontverlauf in Ungarn. Beim Pförtner des Polte-Werkes hing ein „Plan" mit Fähnchen als Markierungen, die immer wieder umgesteckt wurden. Manchmal konnten die Frauen erkennen, wo die Fähnchen steckten und sich zusammenreimen, was das bedeutete.[240]

Auch die Wachsoldaten verhielten sich im Sinne ihrer Dienstordnung nicht völlig diszipliniert. „Ruhe, es dauert nicht mehr lange!", sagte einer von ihnen während der Fahrt von Bergen-Belsen nach Duderstadt. Von einem SS-Mann erfuhr Käthe Forgacz auch, Roosevelt sei gestorben. Das war, wie sich aus dem Todestag Roosevelts am 12.4.1945 ergibt, auf dem Weg nach Theresienstadt. Rozalia Popovici berichtete, der Bewacher N. habe sie während der Evakuierungsfahrt zwischen den von Westen und Osten her zusammenrückenden Fronten „über alles" informiert, was passierte.[241]

---

[240] Interviews mit Judith Nyitrai und Helena Wild.
[241] Interviews mit Käthe Forgács und Rozalia Popovici.

9. 12 Fliegeralarm

In einem der Budapester Protokolle ist von Luftangriffen auf das Polte-Werk die Rede.[242] Gemeint war wohl Fliegeralarm, der die Produktion mehrfach lahm legte.[243] Für die Gefangenen gab es keine Möglichkeit, einen Schutzraum aufzusuchen, weder im Lager noch in der Fabrik. Selbst wenn Luftschutzbunker vorhanden gewesen wären, hätten sie diese – genau wie Polen und „Ostarbeiter" – nicht betreten dürfen. Wer sich im Lager aufhielt, blieb in der Baracke. Für die SS-Wachmannschaft galten solche Verbote natürlich nicht. Doch tatsächlich ging es ihr mangels Schutzräumen kaum besser. Der Oberscharführer Jansen lief bei Fliegeralarm in die Feldflur, wie eine der ehemaligen Aufseherinnen berichtete.[244]

9. 13 Das Ende der Produktion

Im März, und zwar zwischen dem 1. und dem 17.3. 1945, arbeiteten an zwei Tagen lediglich 35 bzw. 16 Häftlinge im Polte-Werk.[245] Die Produktion begann zu stocken. Es ist deswegen aber nicht anzunehmen, ein Teil der KZ-Häftlinge sei aus der Produktion abgezogen worden.[246] Zwar wurde am 7. März 1945 in Buchenwald notiert, bei Polte Duderstadt habe es am 1.3.1945 eine Gesamtzahl von 723 Häftlingen gegeben.[247] Zu diesem Zeitpunkt lag aber die Meldung über den Arbeitseinsatz für diesen Tag aus Duderstadt in Buchenwald noch gar nicht vor. Laut Eingangsstempel traf sie erst am 14.3.1945 ein und nannte 750 Häftlinge, von denen 724 gearbeitet hätten. Die Meldung war vom Polte-Werk gegengezeichnet und ist somit beglaubigt. Eine Liste des KZ Buchenwald führte für den 22.3.1945 ebenfalls 750 Häftlinge auf.[248] Es wurden also wegen Arbeitsmangels keine Frauen abgezogen, sondern sie wurden mit sinnlosen Tätigkeiten beschäftigt.

Den Frauen, die mit der Kontrolle der Patronenhülsen beauftragt waren, fiel auf, dass der Ausschuss zunahm und dass bereits überprüfte, an markanten Fehlern erkennbare Patronenhülsen wieder auf ihren Tisch zurückkehrten. Die

---

[242] Ella Löwensohn u. a., Protokoll Budapest 1945.

[243] Pischke 1992, S. 291.

[244] Ermittlungsakten der Staatsanwaltschaft Göttingen 1963.

[245] Pischke 1992, S. 291.

[246] So Baranowski 1995, S. 168.

[247] Übersicht über Anzahl und Einsatz der weiblichen Häftlinge des Konzentrationslagers Buchenwald am 7. März 1945.

[248] Fraueneinsatz des KZ Buchenwald am 22.3.1945.

aussortierten Hülsen wurden also unter neu produzierte gemischt, damit es für die Häftlinge bei der Kontrolle ausreichend Arbeit gab. Schließlich wurden die Ungarinnen nur noch mit Aufräum- und Reinigungsarbeiten beschäftigt. Käthe Forgacz musste, auf einer Leiter stehend, die unter der Decke verlaufenden Rohre abwaschen[249]. Mit dem Ende der Produktion kündigte sich für die KZ-Häftlinge das nahende Ende des Krieges, aber noch nicht ihres Leidensweges an.

Frauaneinsatz am 22. März 1945.

1.	Allgem. Solvay-Werke Bernburg	180	Häftlinge
2.	ATG. Leipzig	313	"
3.	BMW. Abteroda	125	"
4.	Dortmund-Hoerder-Hüttenverein	650	"
5.	Fabrik Allendorf GmbH.	983	"
6.	Fabrik Hessisch-Lichtenau GmbH.	790	"
7.	Gehrt Penig	696	"
8.	Hasag Altenburg	2 578	"
9.	Hasag Leipzig	4 765	"
10.	Hasag Meuselwitz	1 367	"
11.	Hasag Schlieben	239	"
12.	Hasag Taucha	1 199	"
13.	Hearbrandt Raguhn	500	"
14.	Heeres-Muna Torgau	243	"
15.	IG-Farben Wolfen	225	"
16.	Junkers Aschersleben	497	"
17.	Junkers Markkleeberg	1 542	"
18.	Kabel-u. Leitungswerke Neustadt/C.	403	"
19.	Krupp Essen	520	"
20.	Lippstädter Eisen-u. Metallwerke	749	"
21.	Polte-Werke Duderstadt	750	"
22.	Polte-Werke Magdeburg	2 984	"
23.	Rheinmetall Borsig Sömmerda	1 282	"
24.	Sonderkommando Buchenwald	10	"
25.	" (15) "	1	"
26.	Tasag Elsnig	747	"
27.	Westf. Metall-Industrie Lippstadt	331	"

g e s a m t : 24 679 Häftlinge

Der Arbeitseinsatzführer:

SS-Hauptsturmführer.

Fraueneinsatz des KZ Buchenwald am 22.3.1945 (Archiv Buchenwald)

---

[249] Interview mit Käthe Forgács 1989.

10. Die Evakuierung des Außenkommandos

„Mit diesem letzten Transport waren alle jüdischen Arbeiterinnen und das gesamte Wachpersonal aus dem Werk fort."

Aussage des früheren nationalsozialistischen Betriebsobmanns im Polte-Werk 1963[250]

„Drei Wochen sind wir in den Waggons gefahren. Das war die schrecklichste Zeit."

Aussage von Ilona Philipp[251]

---

[250] Ermittlungsakten der Staatsanwaltschaft Göttingen 1963.
[251] Protokoll, Budapest 1945.

„Am Sonntag werde ich mit amerikanischen Gästen kochen", sagte eines Tages Frau R. am Arbeitsplatz im Polte-Werk.[252] Welche Hoffnung muss dieser Satz bei den Ungarinnen, für die er wohl bestimmt war, geweckt haben!

Für die SS galt, kein Häftling solle in die Hände der Alliierten fallen. Bereits seit Juni 1944 gab es den Befehl Himmlers, bei Feindannäherung sollten die bedrohten Lager geräumt und die Häftlinge in noch sichere Konzentrationslager zurückgeführt werden. Dieser Befehl betraf also nicht nur jüdische, sondern alle KZ-Häftlinge. Für alle galt auch gleichermaßen, dass sie bei Schwierigkeiten, die Evakuierung wegen der näher rückenden Front noch durchzuführen, umgebracht werden sollten, bevor der Feind die Gefangenen befreien konnte.[253]

Der Betriebsleitung des Polte-Werks muss der Gedanke erhebliche Sorgen bereitet haben, die vorrückenden Amerikaner könnten in Duderstadt ein der Firma Polte zuzurechnendes KZ-Lager mit 750 menschenrechtswidrig gefangen gehaltenen Frauen vorfinden. So trafen sich wieder die Interessen des Betriebs mit denen der SS. Der NS-Betriebsobmann wurde zur Betriebleitung bestellt, um dabei zu helfen, die Gefangenen zu evakuieren. Deshalb war er auch in der Lage, 1963 gegenüber der Polizei dazu Angaben zu machen. Güterwaggons hätte die Reichsbahn auf dem Duderstädter Bahnhof nicht bereitstellen können, wohl aber in Seesen/Harz. Also sei der Transport der Häftlinge nach Seesen organisiert worden. Dafür hätten Omnibusse des Werks zur Verfügung gestanden, außerdem zwei Lastkraftwagen der Wehrmacht, die den „letzten Transport" durchführten. Anderen Aussagen in den Ermittlungsakten der Staatsanwaltschaft Göttingen von 1963 ist zu entnehmen, es seien Omnibusse der Duderstädter Firmen Seyffart und Rosenthal gewesen.[254]

Für die Häftlinge, so der Anschein, ist der Aufbruch plötzlich und unvorhergesehen gekommen. Babetta Fuchs erlebte die Evakuierung so: „Eines Nachts, Anfang April, rissen sie uns aus dem Schlaf, verluden uns schnell auf Autos und sind mit uns davongesaust."[255] Es scheint aber eher gegen Abend gewesen zu sein, wie auch eine Aufseherin angibt, denn es war noch hell.[256] - Rozalia Popovici war zur Arbeit ins Werk geführt worden und wurde dann „plötzlich" mit einem Omnibus weggebracht. Sie bemerkte, dass zwei der SS-Aufseherinnen sich ihrer Uniformen entledigt hatten und in ziviler Kleidung davongingen.[257] Eine der Aufseherinnen sagte 1963 aus, sie wäre nicht nach Seesen mitgefahren, sondern „heimlich fortgegangen".[258] - Judith Nyitrai

---

[252] Interview mit Rozalia Popovici 1996.
[253] Blatman 2002, S. 1069.
[254] Ermittlungsakten der Staatsanwaltschaft Göttingen 1963.
[255] Protokoll 1945.
[256] Ermittlungsakten der Staatsanwaltschaft Göttingen 1963.
[257] Interview mit Rozalia Popovici 1996.
[258] Ermittlungsakten der Staatsanwaltschaft Göttingen 1963.

erzählte 1988 in deutscher Sprache: „Man hat uns gesagt: 'Los! Los! Ganz schnell. Wir müssen hier weggehen.' Und man hat uns in einen Wald geführt und man hat gesagt: Im Wald stehen Autobusse. Nicht Autobusse, sondern Lastautos. Und wir müssten dort einsteigen, von hinten rein, und wir gehen zu einem Bahnhof, und vom Bahnhof werden wir wegtransportiert." Im Wald waren die Wehrmachtsfahrzeuge der Sicht feindlicher Flugzeuge entzogen. Die Frauen mussten dorthin nicht mehr in Fünferreihen gehen – Zeichen der Hast und der Auflösungserscheinungen. Ein SS-Soldat schlug Judith Nyitrai und ihrer Freundin vor, sich im Wald zu verstecken und dort das Eintreffen der Amerikaner abzuwarten. Aber die beiden Frauen befolgten den Vorschlag nicht. Sie hatten Angst: „Vielleicht schießt er uns. Er hat doch das Gewehr." Judith Nyitrai hörte zu dieser Zeit schon die Detonationen von der näher rückenden Front. Sie sah bei der Abfahrt weiße Leintücher an den Häusern von Duderstadt befestigt als Zeichen, sich zu ergeben.[259]

Der Duderstädter Karl V., und sicher nicht nur er, beobachtete „aus einiger Entfernung, wie die Häftlinge des KZ-Außenkommandos mit Bussen evakuiert wurden".[260]

Zwei voneinander unabhängigen Aussagen zufolge fehlten allerdings zwei oder drei der Gefangenen. Ihnen war es demnach gelungen, sich zu verstecken. Die näheren Umstände sind nicht bekannt[261]. – Sie waren die ersten Häftlinge, die aus dem Außenkommando Duderstadt flohen, indem sie die Gelegenheit der Evakuierung und das kurz bevorstehende Eintreffen der amerikanischen Truppen als Chance nutzten. Dass es zuvor keine Fluchtversuche gab, ist sicher damit zu erklären, dass ein solches Unternehmen aussichtslos erscheinen musste. An ihrer Sprache waren sie als Fremde, an ihrer auffälligen Kleidung, an den geschorenen Haaren waren die Frauen sofort als Gefangene erkennbar. Und wo hätten sie sich, ohne Ortskenntnis und ohne Beziehungen und Verbindungen zu Menschen außerhalb des Lagers, für eine nicht absehbare Zeitdauer sicher verstecken können?

Begleitet wurde der durch die Flucht um zwei Frauen verkleinerte Häftlingstransport von den Wachsoldaten der SS und einigen der Aufseherinnen. Die Häftlinge wurden zu einer Scheune in oder bei Seesen gebracht, wo sie übernachteten. Die Aufseherinnen fuhren noch am gleichen Tage mit den leeren Bussen wieder zurück. Nur eine blieb in Seesen und war dabei, als die Häftlinge

---

[259] Interview mit Judith Nyitrai 1988.
[260] Interview mit Karl V. und Stadtdirektor Krukenberg 1983.
[261] Interview mit Helena Wild 1989. – Ermittlungsakten der Staatsanwaltschaft Göttingen 1963. – Siehe Seite 106!

am nächsten Tag auf dem Güterbahnhof[262] in Eisenbahnwaggons „verladen" wurden – Judith Nyitrai zufolge geschah dies auf freier Strecke.[263]

„Ohne Essen hat man uns auf den Weg geschickt."[264] - „Essen haben wir nicht gehabt."[265] Die Frauen wurden allem Anschein nach vom Polte-Werk aus ins Ungewisse geschickt, ohne mit Nahrungsmitteln versehen zu sein oder mit nur sehr wenig. Es stand ihnen eine Zeit entsetzlichen Hungerns bevor. Einige der Ungarinnen haben darüber ausführlicher berichtet. Ella Löwensohn: „Abgesehen davon, dass wir infolge der Raumnot [in den Güterwaggons] kaum atmen konnten, litten wir während der ganzen Fahrt furchtbar unter Hunger. Wir fuhren nämlich drei Wochen lang und bekamen während dieser Zeit so gut wie gar nichts zu essen; hie und da warf man uns ein Brot in den Wagen herein, das in hundert Teile aufgeteilt werden musste. So kam es häufig vor, dass, wenn der Zug hielt und wir den Waggon verlassen durften, wir uns zu Boden warfen und Gras aßen."[266] – „Zu essen gab es nicht, die Verpflegung reichte nur wenige Tage, später bekamen wir zu 100 ein Brot, so dass wir Wurzeln aßen und rohe Kartoffelschalen und Klee." Helena Wild erinnerte sich, auch die Soldaten hätten nichts zu essen gehabt. Der Oberscharführer wäre in die Dörfer gegangen und hätte ein bisschen Brot, Linsen oder Bohnen gebracht, die gekocht wurden.[267]. Durch solche Requirierungsgänge waren in der Tat 765 Menschen – Wächter und Gefangene – nicht mit Lebensmitteln zu versorgen. Judith Nyitrai: „Es gab Gries in Säcken und jeden Tag hat jede eine halbe Handvoll erhalten. Den Gries hat man uns mit einem Löffel gegeben und dann sind wir aus den Waggons gestiegen. Wir haben Blätter und Gras mit Gries gegessen. Wasser war überall. Wir hatten Konservendosen gefunden und wir konnten Feuer machen. Ich weiß nicht, woher wir Zündhölzer hatten. Dann haben wir gekocht, diese Blätter, das Gras und Gries dazu – und dadurch wurde es ein bisschen dicker."[268]

Der Gefangenentransport gelangte über Magdeburg und Dessau nach Wolfen. Dort standen die Waggons einige Tage ohne Lokomotive.[269] Mehrere Häftlinge nutzten die Gelegenheit zur Flucht. Eszter Kalisch berichtete darüber: „Als wir in Wolfen angekommen sind, sind wir zu neunt weggelaufen. Wir

---

[262] Ermittlungsakten der Staatsanwaltschaft Göttingen 1963.

[263] Interview mit Judith Nyitrai 1988.

[264] Aussage der Geschwister Kahan, Protokoll, Budapest 1945.

[265] Aussage von Eszter Kalisch, Protokoll Budapest 1945.

[266] Aussage Löwensohn und acht weitere Frauen, Budapest 1945. – Erzsébet und Jolán Reich, Protokoll Budapest 1945. – Interview mit Helena Wild 1989.

[267] Interview mit Helena Wild 1989.

[268] Interview mit Judith Nyitrai 1988; sprachlichen Fehler bei dem in Deutsch geführten Interview sind stillschweigend bereinigt.

[269] Interview mit Rozalia Popovici 1996.

wollten hier die Amerikaner erwarten. Wir haben gehofft, schon morgen frei zu sein. Die Gestapo hat uns noch gefunden. Und uns der Zivilpolizei übergeben. Die haben uns gar nichts Schlechtes getan, wahrscheinlich, weil die Amerikaner schon sehr nahe waren. Am nächsten Tag hat man uns gehen lassen. Die Nacht haben wir schon als freie Menschen verbracht. Dann haben wir angeklopft bei einem Bauern. Wir haben aber nicht gesagt, dass wir jüdische Häftlinge sind, sondern wir haben gesagt, wir sind Flüchtlinge. So konnten wir bei ihm bleiben. Wir haben eine kleine Stube oben unter dem Dach bekommen. Und wir haben ihm bei der Arbeit geholfen. Am 20. April um halb fünf waren wir schon befreit. Damals sind die Amerikaner angerückt. Wir haben damals den Bauern auf unser Zimmer heraufgeschickt, damit ihm gar nichts passieren soll. Er hat uns sehr gut behandelt. Er hat mit allem Guten uns verpflegt, damit wir ihm auch Hilfe leisten sollen. Aber wir haben gewusst, dass er Mitglied der Nazi-Partei war und Hitler gerne gehabt hat. Und einem amerikanischen jüdischen Offizier haben wir das alles erzählt."[270]

Auch andere verließen in Wolfen den Transport. Rozalia Popovici gelangte mit ihrer Mutter in ein Lager der Firma Agfa; beide hatten dann aber doch nicht den Mut dort zu bleiben und kehrten zum Zug zurück.[271]

Für diejenigen, die weiterfuhren, besserte sich die Versorgung mit Nahrungsmitteln erst, als der Zug das Gebiet der Tschechoslowakei erreicht hatte. Hier versuchten Einwohner, den Gefangenen mit Lebensmitteln zu helfen. Es reichte nicht, um satt zu werden, wohl aber, um das Überleben zu sichern. Babetta Fuchs: „Den Tschechen haben wir es zu verdanken, dass wir am Leben sind, denn sie haben uns geholfen und in unbeobachteten Augenblicken Brot, Obst und Speck in die Wagen geworfen."[272] – Judith Nyitrai berichtete, dass diese Versorgung mit Nahrungsmitteln durchaus auch mit Einverständnis der SS-Wachmannschaft geschah: „Und dann endlich sind wir wieder stehen geblieben, aber das war schon in der Tschechoslowakei, und das war wirklich fantastisch. Wir waren ca neben einem Dorf und als die Einwohner von diesem Dorf es gehört haben, dass in diesen Waggons jüdische Häftlinge sind, da haben sie in diesem Dorf eine Küche eingerichtet. Und Tag und Nacht haben sie nun das Essen in Kübeln gebracht, gekochte Kartoffeln und solche Sachen. Zuerst haben sich natürlich die SS-Soldaten satt gemacht, aber es war so viel, dass jeden Tag jede Person vielleicht zwei oder drei Kartoffeln und auch Suppe bekommen hat."[273]

[270] Eszter Kalisch, Protokoll 1945.
[271] Interview mit Rozalia Popovici 1996.
[272] Babetta Fuchs, Protokoll 1945.
[273] Interview mit Judith Nyitrai 1988; sprachliche Fehler des in Deutsch geführten Interviews wurden stillschweigend bereinigt.

Ziel des Gefangenentransportes war das KZ Theresienstadt. Dorthin evakuierte die SS im April 1945 Tausende Häftlinge aus anderen Konzentrationslagern. Bei Lobositz, wenige Kilometer davor, wurde der Zug noch von Kampfflugzeugen angegriffen. Die SS-Wachmannschaft brachte sich in Sicherheit. Die Frauen blieben in den Waggons eingesperrt.[274] Unter ihnen gab es Verletzte und Tote. Die Angaben über deren Zahl weichen in den Protokollen von 1945 allerdings erheblich voneinander ab: 7 Tote, mehrere Verletzte; 7 Tote, 30 Verletzte; 8 Tote, 30 – 40 Verwundete; 14 Tote, 7 Verwundete; 28 Tote.[275] In den Abweichungen der Aussagen voneinander spiegelt sich wohl das Durcheinander, die Erregung und Panik während des Angriffs und danach wider.

Zu Fuß ging es von Lobositz weiter bis Theresienstadt. Dort „sind wir sehr erschöpft angekommen."[276] Die Verletzten und Kranken, die nicht gehen konnten, blieben einen Tag länger in Lobositz. Angehörige durften bei ihnen bleiben. Sie wurden am nächsten Tag in einem Waggon nach Theresienstadt gefahren. Eine erhalten gebliebenes Verzeichnis der zwischen dem 20. April bis 11. Mai 1945 in Theresienstadt eingetroffenen Transporte nennt die Zahl von 719 am 26. und am 27.4.1945 angekommenen Häftlingen aus Duderstadt.[277]

Es gibt keinen Augenzeugenbericht darüber, wie der Transport aus Duderstadt Theresienstadt erreichte. Dazu kann also nichts mitgeteilt werden. Wohl aber gibt es Berichte über die Situation im allgemeinen, als Ende April/Anfang Mai 1945 insgesamt etwa 15 000 KZ-Häftlingen in Theresienstadt eintrafen. Die nachstehend zitierte Darstellung lässt erahnen, was sich ereignete und wie überfordert das Lager war, ganz unvorbereitet so viele erniedrigte Menschen aufzunehmen:

„Im Laufe der Nacht kommen noch zwei Transporte. Ja, Evakuierte aus scharfen Konzentrationslagern. Das sind keine Menschen mehr, das sind wilde Tiere. Tiere, die seit Wochen nichts zu essen bekommen haben. ... Die Angst krallt sich um mein Herz, es ist kein Platz, es kann nicht auf einmal soviel Essen gekocht werden. Diese Tiere schlagen einander um einen Würfel Zucker zu Boden. Zucker? Wirklich Zucker? Seit drei Jahren kennen sie nur Gaskammern, flammende Schlote, Erschießen, Auspeitschen. Viele fallen vor Entkräftigung um. Einen Transport haben wir separiert. Flecktyphus. Wir versuchen vergeblich Kette zu halten – kleine saubere Mädchen vom holländischen Jungkader mit ihren weißen Kopftüchern – gegen diese wilde Horde. Sie werden umgerannt, man trampelt über sie hinweg. Einige dieser Bestien sitzen stur auf der Erde.

---

[274] Ebd.
[275] Protokolle, Budapest 1945.
[276] Kahan, Protokoll 1945.
[277] Bella und Paula Sámuel, Protokoll Budapest 1945. – Archiv Yad Vashem, YVA 064/32, wiedergegeben bei Poloncarz 1999, S. 248.

Nur auf Nahrungsmittel reagieren sie. Vor Schmutz und Verwahrlosung kann man ihre Züge nicht erkennen. Diese Züge dumpfer Menschentiere. Es ist zu grauenhaft, man kann das nicht beschreiben. Und man kann nicht helfen. Wir halten Kette. Es ist unmöglich, eine Organisation, eine Art Ordnung aufrecht zu erhalten. ... Neue Transporte, Menschen, die seit vier Wochen auf dem Wege sind. ... Wir nehmen Handwagen und fahren die Zusammenbrechenden zum Labyrinth. Wir bringen die Leute in alten Minengängen unter. Es beginnt zu regnen, jämmerlich, unübersehbar. Dann stöbert es wieder. Ein Transport in offenen Waggons. 17 Tage unterwegs. Zwei rohe Kartoffeln, eine schmale Schnitte Brot. Reißende Tiere. Zerlumpt, verhungert, krank. Sieben Tage und Nächte sind wir fast ununterbrochen draußen, ständig kommen neue Transporte. Man kommt mit der Unterbringung nicht nach. Wir stehen auf dem Südberg und versuchen, ein offenes Feuer anzufachen, Kartoffeln zu braten. Wir gehen abwechselnd auf ein bis zwei Stunden nach Hause. Gehen wieder zurück. Tragen die Sterbenden auf Tragbahren ins Spital. Und kommen nicht nach. ... Ich gehe an diesen Nächten zugrunde. Ich habe mich zum Nachtdienst im Bad gemeldet. Die wilden Tiere werden langsam wieder zu Menschen, einige Tage bei entsprechender Nahrung in einem geheizten Zimmer und bei ärztlicher Aufsicht."[278]

Der schwierige Versuch, die ehemaligen Theresienstädter Häftlinge durch einen Abgleich der verschiedenen vorhandenen Quellen mit Hilfe moderner Datenverarbeitung in einer Datei zu erfassen, nähert sich beim Duderstädter Außenkommando der in der Liste von 1945 genannten Zahl 719 an. 713 der aus Duderstadt Angekommenen konnten namentlich identifiziert werden, 712 Frauen und – ein Mann.[279] Was hat es mit dem Izaak Fischer, geb. am 15.3.1922, auf sich? Handelt es sich um einen Irrtum? Man könnte auch vermuten, dass er während des Evakuierungs-Transports irgendwie dazu geraten ist. Jedenfalls ist dies ein Beispiel dafür, dass sich vieles niemals mehr wird klären lassen, ebenso wenig wie das Schicksal der Lagerschreiberin. Helena Wild berichtete, unter den Toten des Luftangriffs habe sich die Tschechin befunden. Bei der Übersetzung eines der Protokolle von 1945 ins Deutsche im Juli 1989 merkte sie an: „In unserem Waggon waren zwei Tote, das weiß ich. Zufälligerweise diese Trude ... die war aus Prag ... Sie war die Schreiberin."[280] Das war Gertrud Jerie. In dem Buch „Terezin Ghetto 1945" wird „Jeriova Truda" als Überlebende genannt, in der Computerdatei ist verzeichnet, dass sie am 5.5.1945 in Theresienstadt verstorben sei.[281]

---

[278] Zitiert nach Adler 1955, S. 210.
[279] Poloncarz 1999, S. 255.
[280] Protokolle 1945, Anmerkung von Helena Wild.
[281] Mitteilung von Pamatnik Terezin, der Gedenkstätte Theresienstadt, vom 19.01.2005.

Die Verwundeten und Kranken – offenbar Typhus – wurden ins Spital eingeliefert[282], die anderen in Quarantäne-Baracken untergebracht.[283] Vom Roten Kreuz erhielten einige neue Kleidung; die alten wurde verbrannt.[284] Andere trugen weiterhin und bis zur Rückkehr nach Ungarn die Kleider, die sie in Auschwitz erhalten hatten.[285] Das Essen war „zufriedenstellend"[286], es war „viel mehr und viel dicker als vormals".[287] Arbeiten mussten die Frauen nicht.

Am 3. Mai 1945 übergab die SS Theresienstadt einem Vertreter des Roten Kreuzes, Dunant, der damit die Verantwortung für das Getto und die Menschen darin übernahm. Am 8. Mai 1945 war die SS verschwunden. Am 9. Mai 1945 trafen Soldaten der Roten Armee in Theresienstadt ein.[288] Die Gefangenen waren frei. Am 10. Mai übergab Dunant das Lager einem russischen Offizier.[289]

Aber nicht alle, die im April/Mai 1945 mit Evakuierungstransporten nach Theresienstadt kamen, waren damit auch gerettet. Von diesen rund 15 000 Menschen starben in den Monaten April bis August 1945 noch 1665 Männer und Frauen. 979 dieser Gestorbenen konnten identifiziert werden[290], darunter aus dem Duderstädter Außenkommando

Margit Schwarcz, geb. am 20.7.1907, gest. am 11.5.1945,
Eva Weiner, geb. am 3.8.1924, gest. am 23.5.1945,
Katharina Weisz, geb. am 24.09.1926, gest. am 05.05.1945.

Die Überlebenden blieben noch unterschiedlich lange, mindestens mehrere Wochen in Theresienstadt und kehrten dann – oft auch mit Unterstützung durch das Rote Kreuz – in kleineren oder größeren Gruppen, teils zu Fuß, streckenweise mit der Bahn, nach Hause zurück. Über die Organisation der Heimkehr berichtet Judith Nyitra, es seien Juden gekommen, die Menschen aus ihrer Stadt gesucht hätten. „Da haben wir uns bei ihnen gemeldet und sie haben uns nach Prag gebracht. Und in Prag war eine Haltestelle vom Roten Kreuz. Und dort hat man uns gesagt: Bitte, da sind Züge, geht nach Bratislava. Und in Bratislava waren wir auf dem Bahnhof. Und jeden Tag in der Nacht um 12 Uhr ist ein Zug gekommen, vielleicht von Wien, ich weiß nicht von wo, und bis nach Budapest gegangen. Aber der Zug, der war doch ganz voll. An der Decke [auf dem Dach],

---

[282] Samuel, Protokoll 1945. – Reich, Protokoll 1945.

[283] Szepesi, Protokoll 1945. – Briefe von Klára Brener und Maria Diamant an den ehemaligen Meister F.

[284] Sámuel, Protokoll 1945.

[285] Briefe von Klára Mesková und Maria Diamant an den ehemaligen Meister F.

[286] Lucia Szepese, Protokoll 1945.

[287] Interview mit Judith Nyitrai.

[288] Jäckel, Eberhard/Longerich, Peter/Schoeps, Julius H.: Die nationalsozialistischen Konzentrationslager, Band III, S. 1406, Taschenbuchausgabe Frankfurt 2002.

[289] Adler 1955, S. 211.

[290] Poloncarz 1999, S. 250.

und Menschen hängten sich an den Zug. Und dann hat man gesagt, dass, wenn wir aufsteigen können, dann sollen wir gehen. Und wir haben sehr Glück gehabt. Es waren dort auch solche Mädchen, die schon zwei Wochen dort saßen. Und am dritten Tag konnten wir schon am Zug ...“[291]

Sie hegten natürlich die Hoffnung, zu Hause Familienangehörige wiederzu-treffen. Vielen ist es ergangen wie der siebzehnjährigen Lucia Szepesi: Sie „habe zu Hause leider niemanden angetroffen“. Sie wolle ihre Gelenkent-zündung auskurieren lassen und dann einen Beruf erlernen.[292] – „... und seither hatten wir uns erholt, unser Gesundheitszustand ist wieder gut und wir leben wieder als Menschen, nur leider können wir den großen Verlust unserer Ange-hörigen nicht verschmerzen“, schrieb die Apothekerin Klára Brener 1946. Doch auch sie war nicht so gesund wie erhofft. Ein Jahr später teilte sie mit: „Aber kurz nachher wurde ich krank, im Lager eingeholte Gelenkschmerzen meldeten sich dermassen, dass ich mich legte und fast eine Woche mich nicht rühren konnte.“ In einem dritten Brief, ebenfalls 1947, heißt es, sie versuche „die traurigen Tage“ zu vergessen. Und dann wiederholte sie: „... nur den Verlust unserer Angehörigen kann man nicht vergessen, das bleibt eine ewige Wunde in unserem Innern.“[293]

Die Frauen, die sich fast ein Jahr lang in der Gewalt der SS befunden hatten, nahezu die Hälfte der Zeit davon in Duderstadt, waren gezeichnet durch die Gefangenschaft in den deutschen Konzentrationslagern und die Ermordung ihrer Angehörigen – nicht nur körperlich, sondern auch psychisch. Bella und Paula Sámuel berichteten über einen „Lungenfehler“, den man „vielleicht niemals heilen können wird“[294]. Über Anna Löwinger wird 1945 in Budapest notiert, dass sie „außerstande“ war, nähere Angaben über Dinge, die sie erlebt hatte, zu machen.[295] Schlaflosigkeit, Depressionen und Alpträume waren die Folgen für andere.[296] Wie tief die Frauen in ihrem Innern verletzt waren, lässt sich daran erkennen, dass viele mit ihren eigenen Kindern erst im Alter über das sprechen konnten, was ihnen in ihrer Jugend zugefügt worden war. Eszter Kalisch er-zählte, was sie erlebt hatte, zum ersten Mal nach 44 Jahren – in dem Interview 1989. Und sie sagte: „Die deutsche Sprache erinnert mich immer an die schwe-ren und schlechten Zeiten im Leben.“[297]

---

[291] Interview mit Judith Nyitrai 1988.
[292] Szepesi, Protokoll 1945.
[293] Briefe von Klára Mesková und Maria Diamant an den ehemaligen Meister F.
[294] Protokoll, Budapest 1945.
[295] Protokoll, Budapest 1945.
[296] Fragebogen von Rozalia Popovic.
[297] Interview mit Eszter Kalisch 1989.

„Die geknechtete Frau" von Bernd Frerix, Detail

11. Erkenntnisse

„Das Höchste, das man erreichen kann, ist zu wissen und auszuhalten, dass es so und nicht anders gewesen ist, und dann zu sehen und abzuwarten, was sich daraus ergibt."

Hannah Ahrendt[298]

---

[298] Ahrendt, Hannah (1960): Über die Menschlichkeit in finsteren Zeiten, München 1960, S. 33. Zitiert nach Schlenker 1993, S. 88.

Die Erwartung, die Bürgermeister Dornieden mit dem Polte-Werk verbunden hatte, nämlich durch Ansiedlung des Rüstungsbetriebs nicht nur Arbeitsplätze in Duderstadt zu schaffen, sondern auch Familienglück für die Eichsfelder zu gewinnen, indem sie nicht mehr in der Fremde arbeiten müssten – diese Erwartung von Wohlstand und Glück erfüllte sich so nicht, denn das Polte-Werk musste dem Zweck dienen, für den es gebaut worden war: für einen planmäßig vorbereiteten und skrupellos entfesselten Krieg Geschosse produzieren. Derweil kämpften die Eichsfelder Männer großenteils an den fernen Fronten dieses Krieges, weiter von ihren Familien entfernt als je zuvor. Dafür wurden zwangsweise Fremde als Arbeitskräfte im Polte-Werk eingesetzt – und für die ungarischen Jüdinnen bedeutete es so etwas wie Glück im Unglück, dass sie in diesem Rüstungsbetrieb arbeiten mussten.

Sie hatten Sklavenarbeit zu leisten, von der SS gleichsam als ihr Eigentum an das Polte-Werk verliehen. Die Häftlinge sollten arbeiten, um etwas herzustellen. Das lag im ökonomischen Interesse des Polte-Werks und der Kriegswirtschaft. Aber der Begriff der Sklavenarbeit erfasst nur einen Teil dessen, was geschah. Es ging um mehr als allein dies. Die Häftlinge sollten auch arbeiten, um zu sterben. Die Arbeit galt nicht nur dem Produkt, sie sollte zugleich die Erschöpfung ihrer Lebenskraft herbeiführen.[299] Die Arbeits- und Lebensbedingungen im Außenkommando Duderstadt waren derart, dass die Frauen nicht auf Dauer arbeitsfähig bleiben konnten: schwere Arbeit bei langen täglichen Arbeitszeiten und ohne Ruhetag, zugleich mangelhafte Ernährung, unzureichende Bekleidung und ungenügende medizinische Versorgung. Gefangene, deren Arbeitskraft nicht mehr nutzbar war, wurden in der Regel in ein Hauptlager gebracht, um sie dort unversorgt sterben zu lassen oder direkt zu ermorden. Überleben sollte niemand. – Offen bleibt, woran die Toten des Außenkommandos Duderstadt gestorben sind und warum nur die schwangere Frau nach Bergen-Belsen zurücktransportiert wurde.

Dass die Sterberate der KZ-Häftlinge im Polte-Werk mit vier Toten niedrig blieb – wie in der Rüstungsindustrie allgemein und ganz anders als bei den zu Bau- und Schanzarbeiten eingesetzten Gefangenen – ist dem Zusammentreffen mehrerer günstiger Umstände zu verdanken. Die Arbeitsbedingungen waren zwar schwer, aber doch nicht so, dass sie die Kräfte in kurzer Zeit erschöpften. Die Frauen waren jung und konnten bis Mai 1945 durchhalten. Im Duderstädter Außenkommando gab es keine große Fluktuation. Die inhaftierten Frauen blieben für fünf Monate hier, an einem Ort. Sie wurden nicht, wie viele andere, von Lager zu Lager gejagt, mit immer neuen Bedingungen und Anpassungsschwierigkeiten. Die Häftlingsgruppen, in die sie eingebunden waren, wurden somit nicht auseinander gerissen, sondern blieben erhalten.

---

[299] Vgl. Sofsky 2004 (5. Auflage): S. 33.

Die vergleichsweise niedrige Sterberate ändert jedoch nichts daran, dass die erzwungene Arbeit der ungarischen Jüdinnen im Polte-Werk in Duderstadt Teil mörderischen Handelns war – Massenmord nicht als kurzer Akt exzessiver Gewalt, sondern als langsames, schleichendes Töten, das zu Ende zu bringen glücklicherweise die Zeit nicht mehr reichte, weil die Truppen der alliierten Kriegsgegner Deutschlands dem zuvorkamen. Damit ist, wie Gudrun Pischke schrieb und ohne dass man Abstriche davon machen könnte, Duderstadt „eingebunden in das schlimmste Kapitel der deutschen Geschichte: die systematische Vernichtung der Menschen jüdischen Glaubens in Europa".[300]

Das Außenkommando des KZ Buchenwald in Duderstadt kann also nicht als ein relativ harmloses Arbeitslager verstanden werden. Es war kein Vernichtungslager, in dem – wie z. B. in Auschwitz oder in Treblinka – ein fabrikmäßig organisiertes Töten betrieben wurde. Es war jedoch uneingeschränkt ein Konzentrationslager wie andere auch, in dem sich Menschen rechtlos und letztlich ohnmächtig einer absoluten, destruktiv-mörderischen Macht ausgeliefert sahen.[301]

Die Strukturen dieser Macht im Außenkommando Duderstadt sind in den vorhandenen Quellen nur andeutungsweise erkennbar, in der Bewachung, den Waffen, den Drohungen, den Strafen, dem Hunger. Nicht auszumachen ist, ob es über die Ärztin und die Lagerschreiberin hinaus Funktionshäftlinge gab, also Lagerälteste, Blockälteste oder Kapos, denen die SS Machtbefugnisse und Verantwortung für die Durchsetzung ihrer Befehle im Lager übertrug und dafür Privilegien gewährte. Wo unter den Häftlingen verlief die Grenze zwischen bewahrter und schützender Solidarität und rücksichtslosem Selbsterhaltungstrieb, der durch die Bedingungen des Konzentrationslagers herausgefordert wurde? Es gab solidarische Gruppen, Mütter und ihre Töchter, Geschwister, Frauen aus einem Herkunftsort. Aber waren alle in Gruppen eingebunden? Gab es auch solche, die auf sich allein gestellt blieben? Wie verhielten die verschiedenen Gruppen sich zueinander? Das bleibt im Dunkeln.

Wenn als Lagerärztin eine Polin eingesetzt wurde, obwohl sich auch eine ungarische Ärztin unter den Frauen befand, und wenn eine Tschechin als Lagerschreiberin fungierte, obwohl auch viele der Ungarinnen diese Aufgabe hätten meistern können, ist dies nicht als Zufall zu verstehen. Es entsprach der Praxis der SS, in den Konzentrationslagern soziale, nationale, politische und rassistische Gegensätze zu schüren und als eines unter vielen Herrschaftsinstrumenten zu nutzen.

Um im Konzentrationslager überleben zu können, bedurfte es einer Aufeinanderfolge günstiger Zufälle. Die Evakuierungsfahrt des Außenkommandos

---

[300] Pischke 1992: S. 282.
[301] Ebd. S. 28 ff.

Duderstadt nach Theresienstadt gehörte zum Schwersten, das diese jüdischen Frauen durchmachen mussten. Doch es gab bei diesem Transport wieder verhältnismäßig wenige Tote. Während in der letzten Kriegsphase auf zahllosen Evakuierungsmärschen Hunderttausende von KZ-Häftlingen ums Leben kamen, konnten die weitaus meisten Frauen aus dem Außenkommando Duderstadt das KZ Theresienstadt lebend erreichen. Wie viele der Duderstädter Häftlinge insgesamt ihr Leben verloren, ist nicht sicher ausmachen, weil nicht ausgeschlossen werden kann, dass über die zwei in Duderstadt und neun in Wolfen Geflohenen hinaus noch weitere Frauen den Transport verlassen haben, und weil die genaue Zahl der Todesopfer bei dem Luftangriff nicht bekannt ist. Nur dies läßt sich zusammenfassend sagen: Es sind in Duderstadt vier, kurz vor Theresienstadt einige und in Theresienstadt drei der Frauen gestorben.

Der Blick ist aber nicht nur auf die Opfer, sondern ebenso auf die Täter zu richten. Die Täter saßen nicht allein im fernen Berlin in Regierungsämtern, an Behördenschreibtischen und in den Stäben der SS. Nur weil „Zehntausende Deutsche zu Massenmördern und Hunderttausende zu Mordgehilfen wurden"[302], konnte das monströse, inzwischen Holocaust genannte Verbrechen angerichtet werden. Es wäre auch falsch, im Hinblick auf das KZ-Außenkommando Duderstadt den Kreis der Täter auf das SS-Wachkommando und die Aufseherinnen einzugrenzen. Es gab in Duderstadt Mittäter und Helfer. Mittäter im Polte-Werk waren eindeutig diejenigen, die an Entscheidungen oder als Ausführende daran beteiligt waren, die KZ-Häftlinge nicht ausreichend mit Lebensmitteln zu versorgen und sie zugleich mit schwerer Arbeit zu belasten. Eine unter diesen Umständen in absehbarer Frist zu erwartende totale Erschöpfung der Arbeitskraft war nicht zu übersehen. Wer in diesem Sinne im ökonomischen Interesse des Polte-Werks Mittäter war, müsste durch eine Analyse der Hierarchie- und Verwaltungsstruktur des Betriebs untersucht werden. Vorab darf man wohl die beiden Direktoren, aber auch den Arbeitseinsatzingenieur dazu zählen[303], ebenso den Betriebsarzt, der für den Mangel an medizinischer Versorgung der Jüdinnen mitverantwortlich war.

Die Täter bedienten sich des Mitwirkens vieler. Es ist ein großer Kreis von Menschen, die im Rahmen ihrer beruflichen Arbeit kleine und für sich harmlos erscheinende Beiträge leisteten. In ihrem staatlich organisierten Zusammenwirken ermöglichten sie dadurch jedoch, sei es wissentlich oder in Unkenntnis des Ganzen, ein ungeheuerliches Verbrechen. Da sind die Eisenbahner, die den Transport der gefangenen Frauen von Bergen-Belsen nach Duderstadt durchführten. Da sind die Architekten, die den Plan für den Lagerzaun entwarfen, und die Verwaltungsbeamten, die ihn prüften und genehmigten. Es sind die Zuliefe-

---

[302] Garbe 2002, S. 823.
[303] Reichsbetriebskarte des Polte-Werks.

rer von Produkten einschließlich des Essens für die Wächter der Waffen-SS und die Aufseherinnen. Es sind die Mitarbeiter der Stadtverwaltung, die mit der Beseitigung der Leichen befasst waren. Es sind diejenigen, die Omnibusse bereitstellten, die Soldaten der Wehrmacht und die Bahnbeamten, welche den Evakuierungstransport vorbereitet und durchgeführt haben. Ordentliche Bürger gewiss und doch auf diese Weise beteiligt an einem Verbrechen.

Schließlich ist noch hinzuweisen auf eine große Zahl von Zuschauern, denn das Verbrechen geschah in Duderstadt nicht heimlich und verborgen, sondern erkennbar vor aller Augen, soweit sie nicht abgewendet wurden. Ein KZ-Außenlager könne es in Duderstadt nicht gegeben haben, weil das Eichsfeld katholisch sei, wurde einmal in einem Leserbrief behauptet.[304] Die Verfasserin überschätzte damit den Einfluss der Lehre des Christentums auf das Geschehen in der NS-Zeit erheblich. Dass aber im Eichsfeld mit seiner christlichen Tradition beispielsweise die evangelische Gemeinde in Duderstadt die 750 gefangenen Frauen anscheinend überhaupt nicht zur Kenntnis nahm[305], darf nicht allein mit einem Verweis auf die Repression durch die NS-Diktatur als Gefahr für das eigene Leben erklärt und abgetan werden. Die leitenden Männer der evangelischen Landeskirche Hannovers hatten vor 1945 den 2. Weltkrieg geistlich legitimiert, obwohl sie darüber informiert waren, dass der Krieg gegen Russland ein Vernichtungskrieg war und dass die Vernichtung der europäischen Juden zu den Zielen des nationalsozialistischen Staates gehörte und deshalb am verbrecherischen Charakter der NS-Diktatur kein Zweifel bestehen konnte und durfte.[306] Die Haltung von Landesbischof Marahrens zur Entrechtung und Ermordung der Juden sei durch eine „nur teilweise durch ethische Einwände wieder aufgehobene Hinnahme der nationalsozialistischen Staatspraxis bestimmt" gewesen.[307] Marahrens hatte am 20. Mai 1942 an den Württembergischen Bischof Wurm geschrieben: „Das Judentum ist für uns Deutsche ohne Frage Feindvolk."[308] Und am 19. Februar 1943 an den Reichsinnenminister Frick, verbunden mit einem Hinweis auf die Gebote Gottes: „Die Rassenfrage ist als völkisch-politische Frage durch die verantwortliche politische Führung zu lösen. Sie allein hat das Recht, die notwendigen Maßnahmen zur Reinhaltung des deutschen Blutes und zur Stärkung der völkischen Kraft zu treffen und trägt auch allein vor Gott und der Geschichte die Verantwortung dafür. Wir lehnen es als Vertreter der evangelischen Kirche bewußt ab, uns in diese Verantwortung

---

[304] Ursula Brüning in der Südhannoverschen Volkszeitung vom 31.12.1982.
[305] Siehe Haase 1984.
[306] Meyn/Grosse 1996, S. 456.
[307] Grosse/Otte/Perels 1996, S. 172.
[308] Zitiert ebd.

einzumischen."[309] Nach dieser kirchlichen Legitimierung der Judenverfolgung ist ein angefügter Hinweis auf die Gebote Gottes tatsächlich nur noch ein schwacher ethischer Einwand. Diese Kirchenleitung war auch nach 1945 „nicht in der Lage, den Unrechtscharakter des Zweiten Weltkrieges zu erkennen bzw. deutlich zu benennen und auch ihren Anteil daran zu reflektieren."[310] Sollte man von einer Gemeinde in der Provinz anderes, also mehr Erkenntnisvermögen und Handeln nach christlichen Grundsätzen erwarten als von der Kirchenleitung?

Auch die katholische Kirche hatte den Krieg religiös gerechtfertigt. „Geliebte Diözesanen! In schwerster Zeit des Vaterlandes, das auf weiten Fronten einen Krieg von nie gekanntem Ausmaß zu führen hat, mahnen wir Euch zu treuer Pflichterfüllung, tapferem Ausharren, opferwilligem Arbeiten und Kämpfen im Dienste unseres Volkes. Wir senden einen Gruß dankbarer Liebe und innige Segenswünsche unseren Soldaten ..., die in heldenmütiger Tapferkeit unvergleichliche Leistungen vollbringen ... Bei der Erfüllung der schweren Pflichten dieser Zeit ... möge die trostvolle Gewißheit Euch stärken, daß Ihr damit nicht bloß dem Vaterlande dient, sondern zugleich dem heiligen Willen Gottes folgt ..."[311] Der vom deutschen Vaterland entfesselte Krieg wurde in diesem Hirtenwort der deutschen katholischen Bischöfe vom 26. Juni 1941, also nach dem Überfall auf die Sowjetunion, geradezu zum Gottesdienst. Zur Judenverfolgung blieben die Verlautbarungen der katholischen Kirche durch ihre Bischöfe „dem stummen Hinnehmen und Wegsehen geneigter ... als der Zuwendung und Anteilnahme, die sie den entrechteten Juden schuldete. Die verbale Absage an Rassenwahn und Rassenhochmut, von der die Kirche nicht abließ, war eben nicht identisch mit demonstrierter Solidarität und praktizierter Hilfe für jene, die das Regime verstieß."[312] Konnte man von den Gläubigen im Eichsfeld mehr erwarten als von den Bischöfen?

In der Auseinandersetzung über die Zeit des Nationalsozialismus im Eichsfeld ist immer wieder und sicher zu Recht auf den großen Einfluss der Kirchen in dieser Region hingewiesen worden. Daher wird folglich nicht zu bezweifeln sein, dass die dargelegten Haltungen der Kirchen in der NS-Zeit zu Krieg und Juden auch die Denkweisen und damit die Sichtweisen der Zuschauer in Duderstadt beeinflusst haben.

Es gab, wie dargestellt werden konnte, aber auch Menschen, die Anteil nahmen am Schicksal der KZ-Häftlinge. Mitgefühl, Hilfsbereitschaft und Mitmenschlichkeit schimmerten im Verborgenen und als Ausnahmen auf gegenüber jenen, denen in Duderstadt Unrecht geschah.

---

[309] Zitiert nach Klee 1989, S. 152.
[310] Ebd. S. 460.
[311] Akten deutscher Bischöfe, Bd. 5, S. 462 ff.
[312] Nellessen 2003, S. 306.

12. Vom Umgang mit der Vergangenheit

„Manche fragen ... , ob die Erinnerung an die Vergangenheit nicht einmal ein Ende haben solle. Aber man kann die eigene Geschichte nicht nur selektiv akzeptieren und das Belastende ausblenden. Wir müssen die Last der Geschichte annehmen. Das sind wir den Opfern schuldig, deren Leiden und Tod nicht vergessen werden darf. Das sind wir den Überlebenden und Angehörigen schuldig, weil sonst jedes Gespräch mit ihnen und jedes neue Miteinander unmöglich wäre. Aber wir sind es auch der Kirche und damit uns selbst schuldig."

Gemeinsame Erklärung der katholischen Bischöfe in der Bundesrepublik, der DDR und Österreich zum 50. Jahrestag der Pogromnacht vom 9. auf den 10. November 1938[313]

---

[313] Frankfurter Rundschau vom 21.10.1988.

12. 01 Das Wissen

Die Siegermächte begannen 1945 sehr bald damit, Nachforschungen über das Außenkommando des KZ Buchenwald in Duderstadt anzustellen. Am 1. Mai 1945 wurde eine der SS-Aufseherinnen festgenommen. Sie wurde 1947 „aus der Gefangenschaft Senne-Lager Paderborn" wieder entlassen.[314] Zwei weitere Aufseherinnen wurden ebenfalls Anfang Mai 1945 verhaftet. Eine von ihnen berichtete, sie sei drei Tage im Duderstädter Gefängnis festgehalten und dort in Anwesenheit eines Amerikaners von einem Deutschen verhört und geschlagen worden. Wie sich später herausgestellt habe, sei dieser Deutsche selbst Angehöriger der SS gewesen. Auf einem Lkw sei sie weggebracht und zunächst auf einer Wiese und dann in Dachau interniert worden.[315]

Die Franzosen legten im Hauptkriegsverbrecherprozess vor dem Internationalen Militärgerichtshof vom 14. November 1945 bis 1. Oktober 1946 eine Dokumentation vor – das Dokument F-321, dem eine Auflistung von Lagern angefügt ist. Darin ist das Lager in Duderstadt bereits aufgeführt. Mit den Worten „Duderstadt bei Göttingen" wurde das KZ-Außenkommando beim Polte-Werk namentlich erwähnt und damit Teil der Anklage im ersten Nürnberger Prozess, wenn auch inhaltlich noch gänzlich unbestimmt.[316]

Die britische Militärverwaltung stellte in den folgenden Jahren weitere Untersuchungen an und befragte unter anderen den ehemaligen Meister F. des Polte-Werkes sowie eine der damaligen SS-Aufseherinnen.[317] 1949 vernahm die Polizei in Bad Lauterberg einen ehemaligen Wachtposten im Außenkommando Duderstadt.[318] Der Internationale Suchdienst in Arolsen veröffentlichte ab 1949 einen Katalog der Lager und Gefängnisse in Deutschland und den von Deutschland besetzten Gebieten. Darin sind die Angaben bereits erheblich genauer: „CCKdo. of Buchenwald, Polte-Werke, established 12.11.44 with 730 women pris., last mentioned 18.3.45 with 750 women inmates (invoices; daily strength reports)."[319] Ein Jahr später ist dem Internationalen Suchdienst Weiteres bekannt: dass 750 ungarische Jüdinnen, untergebracht im Lager Euzenberg außerhalb von Duderstadt, für das Luftwaffenmunitionswerk Polte arbeiteten;

[314] Ermittlungsakten der Staatsanwaltschaft Göttingen 1963.

[315] Interview mit der ehemaligen Aufseherin U. 1989.

[316] Konzentrationslager. Dokument F 321 für den Internationalen Militärgerichtshof Nürnberg. 1988, S. 235.

[317] Briefe von Klára Mesková, geb. Brener, und Maria Diamant an den ehemaligen Meister F. – Ermittlungsakten der Staatsanwaltschaft Göttingen 1963.

[318] Protokoll der Vernehmung des Walter S. 1949.

[319] Das nationalsozialistische Lagersystem, hrsg. von Martin Weinmann, 1990, S. 157.

errichtet am 24.11.1944 sei das KZ-Kommando von Buchwald zwischen dem 5.4. und dem 7.4.1945 in Richtung Harz evakuiert worden.[320]

1963 beschäftigte sich die Staatsanwaltschaft Göttingen nochmals mit dem Frauen-Außenkommando. Der gerade in den Ruhestand verabschiedete Standesbeamte D. hatte den nach 1945 langjährigen Duderstädter Ratsherren L. angezeigt, der im Polte-Werk der hauptamtliche Obmann der NSBO (Nationalsozialistische Betriebszellenorganisation) gewesen war. L. habe bei der Evakuierung der KZ-Häftlinge mitgewirkt und es gebe das Gerücht von der Erschießung zumindest eines Teils dieser Frauen im Harz. Die polizeilichen Ermittlungen ergaben: L. war tatsächlich daran beteiligt, die Evakuierung zu organisieren, aber nicht selbst nach Seesen mitgefahren. Hinweise auf Erschießungen wurden nicht gefunden. Die Ermittlungen beschränkten sich dabei darauf, den anzeigenden früheren Standesbeamten, den angezeigten Ratsherren und dazu etliche der ehemaligen Aufseherinnen als Zeuginnen zu vernehmen. Nach Frauen zu suchen, die in Duderstadt inhaftiert waren und sie ebenfalls zu befragen, kam der Polizei offensichtlich nicht in den Sinn. Sie hätte, angesichts des damaligen „Eisernen Vorhangs", solche Zeuginnen auch in westlichen Ländern finden können.

Ohne Anhaltspunkte für Tötungsdelikte, die es tatsächlich auch nicht gab, wurden die polizeilichen Ermittlungen nicht fortgesetzt. Inzwischen kann die historische Forschung viel besser belegen als damals die Justiz, dass bei der Evakuierung des Außenkommandos Duderstadt nach Theresienstadt niemand ermordet wurde. Evakuierung ohne Morde, das stellt wohl eine Ausnahme unter den Evakuierungsmärschen von KZ-Häftlingen im Frühjahr 1945 dar. Über anderes schaute die Nachkriegsjustiz hinweg. Zweifellos war es ein Verbrechen, die Frauen aus Ungarn in dem KZ-Außenkommando in Duderstadt gefangen zu halten. Freiheitsberaubung, Nötigung zur Zwangsarbeit als Verbrechen gegen die Menschlichkeit und als Mittel beabsichtigter Vernichtung, unterlassene Hilfeleistung gegenüber den Erkrankten, Misshandlung und Körperverletzung auf vielfältige Art und Weise, nicht nur durch Schläge, sondern auch durch Nahrungsentzug und unzureichende Bekleidung im Winter ... – die Liste der in Duderstadt begangenen schweren Delikte ist lang. Deswegen wurde dennoch, außer in Nürnberg 1946, niemand vor ein ordentliches Gericht gestellt.

1969 veröffentlichte der Internationale Suchdienst in Arolsen im Auftrag des Bundesfinanzministers ein „Vorläufiges Verzeichnis der Konzentrationslager und deren Außenkommandos sowie anderer Haftstätten unter dem Reichsführer-SS in Deutschland und deutsch besetzten Gebieten (1933-1945)". Darin sind

---

[320] Ebd., S. 472.

nun auch die Daten der Eröffnung und der Evakuierung des Außenkommandos dem heutigen Wissensstand entsprechend richtig: 4.11.1944 und 5./7.4.1945.[321]

Während also die Kenntnisse des Internationalen Suchdienstes über das Buchenwalder Außenkommando am Euzenberg im Laufe der Jahre immer genauer wurden, entwickelte sich das Wissen darüber in Duderstadt in derselben Zeit in genau umgekehrter Richtung.

Als Joseph D. 1945 nach Duderstadt zurückkehrte, hörte er, dass „im früheren Rüstungswerk – Polte Werke Magdeburg – ausländische Arbeiter und Arbeiterinnen waren, darunter sollen sich auch 280 weibl. jüdische ungarische Kz.-Häftlinge befunden haben, die von Bergen Belsen nach Duderstadt gekommen sind. Duderstadt gehörte damals zu dem Kz-Hauptlager Buchenwald." Joseph D. erfuhr weiter, dass es „den jüdischen Mädchen nicht gut gegangen" sei, „einige wären auch gestorben". Er sprach auch mit dem „ehem. weibl. Kz.-Bewachungspersonal". Auf diese Weise wurde ihm bekannt, die Häftlinge seien kurz vor der Besetzung der Stadt durch die Amerikaner in den Harz gebracht worden. Im Mai oder Juni 1945 hatte er dann persönlich mit zwei der Ungarinnen zu tun, die bei Bürgermeister Heckmann aufgetaucht waren. Sie „wurden von uns in der Wohnung der einen, später verstorbenen KZ-Bewacherin, untergebracht".[322] Ausgerechnet dort! Diese Aussage findet eine Bekräftigung dadurch, dass in der Duderstädter Marktstraße in der Nachbarschaft des von D. bezeichneten Hauses tatsächlich eine der ehemaligen Aufseherinnen gewohnt hat[323]. Ihre Beglaubigung findet diese Aussage schließlich in dem Interview mit Helena Wild, das sie gab, ohne die Aussage des früheren Standesbeamten zu kennen: „Aber hören Sie zu! Davon haben Sie nicht gewusst, dass ein paar Mädels sich hier versteckt haben in Duderstadt oder in der Umgebung? ... Wir haben das auch nicht gewusst. Nachher haben wir gewusst, dass der Bürgermeister oder ich weiß nicht wer ... Ich kann nicht genau sagen, ich weiß nicht. Nur das weiß ich, dass zwei, drei Mädels gesagt haben: Wir gehen nicht weiter. Und die haben sich hier in Duderstadt oder irgendwo in der Umgebung [versteckt] – sie waren hier bis zum Ende. Und die sind durch die Amerikaner befreit worden, viel früher als wir."[324] – Wer es war und was aus ihnen wurde, ist unbekannt.

Karl V., der einige der Gefangenen vor Kriegsende in der Stadt gesehen hatte, besaß weniger detaillierte Kenntnisse über das KZ-Lager. Ihm war nicht bewusst, dass das Lager ein Außenkommando von Buchenwald war. Er schätzte

---

[321] Vorläufiges Verzeichnis 1969, S. 35.
[322] Ermittlungsakten der Staatsanwaltschaft Göttingen 1963.
[323] Kartei des Einwohnermeldeamts im Stadtarchiv Duderstadt.
[324] Interview mit Helena Wild 1988, geführt in Deutsch; einige wenige sprachliche Fehler sind stillschweigend beseitigt.

die Zahl der Frauen auf höchstens 500 – 600. Dass es Gefangene waren und als Wachpersonal einige Duderstädter Bürger eingesetzt wurden, war ihm bekannt. Es seien in der Stadt zwei oder drei Arbeiterfrauen „eingezogen" worden, die als Aufseherinnen im KZ Ravensbrück eingesetzt waren. Dies, so V., wusste man in der Stadt.[325]

Die Aussagen von Joseph D. und Karl V. belegen, in Duderstadt war 1945 über das KZ-Außenkommando mit den ungarischen Jüdinnen am Euzenberg nicht alles, jedoch viel bekannt. Aber es wurde bald vergessen.

Nachfolgend die 1963 von der Landeskriminalpolizei, Außenstelle Göttingen, protokollierte Aussage von Joseph D. in anonymisierter Form (Ermittlungsakten der Staatsanwaltschaft Göttingen):

Ich bin erst im Jahre 1945 nach Duderstadt wieder zurückgekommen. In der Zeit nach meiner Rückkehr hörte ich, daß in Duderstadt im früheren Rüstungswerk-Polte Werke Magdeburg- ausländische Arbeiter und Arbeiterinnen waren, darunter sollen sich auch 28o weibl. jüdische ungarische Kz.-Häftlinge befunden haben, die von Bergen Belsen nach Duderstadt gekommen sind. Duderstadt gehörte damals zu dem Kz-Hauptlager Buchenwald.

Durch Nachfragen der Militärregierung, was mit diesen Leuten geschehen sei, konnte ich ihnen keine Antwort geben, weil ich ja nicht in Duderstadt war. Nach meinen Erkundigungen unter Mitteilung an die Militärregierung soll es den jüdischen Mädchen nicht besonders gut gegangen sein, einige wären auch gestorben.
Später war es mir möglich, das ehem. weibl. Kz-Bewachungspersonal zu befragen, die hier in Duderstadt aufhaltsam waren.
Von diesen ehem. Bewacherinnen konnte ich nur erfahren, daß die jüdischen Häftlinge kurze Zeit vor der Besetzung Duderstadts in den Harz gebracht worden seien. Die Besetzung erfolgte am 8.4.1945 -11.3o Uhr -. Mir wurde weiter gesagt, daß der ehem. Betriebsobmann L   und andere den Transport durch= geführt hätten. Genaueres war darüber nicht zu erfahren.

Später habe ich als Standesbeamter in Duder= stadt an das Standesamt in Arolsen, Bz.-Hofgeismar geschrieben. Dort wurde festgestellt, daß drei jüdische weibl. ungarische Häftlinge im Kz-Lager Euzenberg/Duderstadt verstorben seien. Todesursache ist eine Tbc angegeben.

[325] Interview mit Karl V., 1983.

Die Namen der weibl. Bewacherinnen sind mir teilweise noch
in Erinnerung. Es handelt sich da um eine Frau K
aus Duderstadt,die früher Neutorstr. gewohnt hat.
Weiter eine Frau N   geb.   h,die später
den Arbeiter M   : (etwa 1955) geheiratet hat,sie
wohnte damals nach der Heirat am Obertor.

Namen der männl. Bewacher sind mir nur soweit bekannt ge=
worden,daß mir die Bewachungsfrauen von einem gewissen
J a n n s s e n sprachen und auf ihn nicht gut zu sprechen
waren,scheinbar wegen der schlechten Behandlung der KZ-
Häftlinge.

Einige Zeit später, es war wohl im Mai oder Juni des Jahres
1945,tauchten hier beim Bürgermeister H e c k m a n n   zwei
der weibl. jüdischen KZ-Häftlinge auf. Die von uns in der
Wohnung der einen,später verstorbenen KZ-Beacherinnen, unter=
gebracht wurden. Marktstraße im Hause Schirm—W e r n e r .
Wo diese beiden Mädchen dann abgeblieben sind,kann ich nicht
mehr sagen.Nachteiliges habe ich über die Duderstädter
Bewohner nicht erfahren,die s.Zt. auf dem Eutzenberg gearbeitet
haben.

v.   g.   u.

[Unterschrift]

Geschlossen :

[Unterschrift]
Kriminalobermeister

Ermittlungsakten der Staatsanwaltschaft Göttingen 1963

12. 02 Das Verdrängen und Vergessen

Bis zum Jahre 1989 hatte die sonst sehr geschichtsbewusste Zeitschrift „Eichsfelder Heimatstimmen" noch nichts über das KZ-Außenkommando beim Polte-Werk in Duderstadt veröffentlicht. Und auch 1989 lehnte der im Duderstädter Rathaus ansässige Landschafts-, Heimat- und Verkehrsverband EICHSFELD als Herausgeber dieser Zeitschrift den Abdruck eines Berichts über den Besuch einer Gruppe von Frauen ab, die 1944/45 hier als KZ-Häftlinge gefangen gehalten worden waren. Der eingereichte Text enthielt die unerwünschte Feststellung, dass die Duderstädter „die Verbrechen der NS-Zeit ebenso verdrängten wie die Menschen im Nachkriegsdeutschland allgemein". Dagegen wandte der Verbandsvorsitzende ein: „Die Vergangenheit sollte keiner verdrängen, auch die Duderstädter nicht. Jedoch sehen wir hier ein unterstelltes Verdrängen, denn ein gewisses Maß an Unaufgeklärtheit wird den Bürgern unserer Stadt ebenfalls zugestanden."[326]

In der Tat, was man nicht weiß, kann man auch nicht verdrängen. Aber hatte man in Duderstadt wirklich wenig gewusst und nichts verdrängt? Wie sich aus den dargestellten Aussagen der Zeitzeugen ersehen lässt, war über das Schicksal der ungarischen Jüdinnen in Duderstadt nach 1945 vieles bekannt. Sicher gab es „Unaufgeklärtheit" über manche Details, über die Zuordnung des Lagers zum KZ Buchenwald beispielsweise, über die genaue Anzahl der Frauen, ihre Herkunft und ihren Verbleib. Aber wie weit wurde das, was über ihre Misshandlung in Duderstadt zu beobachten war und was die nationalsozialistische Rassenideologie bekanntermaßen mit der Minderwertigkeit dieser Menschen rechtfertigte, 1945 und später auch als ungeheures Unrecht aufgefasst? In einer Veranstaltung am 4. November 2004, dem 60. Jahrestag der Errichtung des KZ-Außenkommandos in Duderstadt, erklärte der Duderstädter Ortsbürgermeister das lange Verschweigen dieses Lagers damit, man habe doch nicht gewusst, dass es sich um ein Außenkommando des KZ Buchenwald handelte, sondern gedacht, es wäre ein Arbeitslager gewesen. Diese Darstellung würde die These stützen, viele hätten, was 1945 und später über dieses Lager der gefangenen Frauen in Duderstadt bekannt war, gar nicht als erhebliches Verbrechen erkannt. Dass es dieses „Arbeitslager" mit Zwangsarbeiterinnen gab, erschien demnach keineswegs als so beunruhigend, dass man sich damit hätte befassen müssen.

Diese These lässt sich durch zwei Ereignisse noch weiter erhärten. In einer Ratssitzung 1982 war vorgetragen worden, die in Duderstadt inhaftierten KZ-Häftlinge seien nach langer Evakuierungsfahrt in Theresienstadt durch die Rote Armee befreit worden. Dieser Darstellung widersprach ein prominentes Ratsmitglied heftig: Man dürfe bei der Roten Armee doch nicht von „befreien"

---

[326] Schriftwechsel mit dem Landschafts-, Heimat- und Verkehrsverband Eichsfeld, 1989.

sprechen.[327] So allerdings konnte nur argumentieren, wer das Ausmaß des an den Juden begangenen Unrechts, die 1982 nun doch allgemein bekannte radikale Bedrohung ihres Lebens durch den nationalsozialistischen deutschen Staat, nicht recht wahrgenommen, sondern verdrängt hatte. Der Einwand entsprach damit jener Erinnerungs(un)kultur, die in den ersten Jahrzehnten in der BRD überwog und nicht „die kritische Selbstreflexion mit Blick auf eine Nation von Mitläufern und Tätern", sondern die eigene nationale „Opferperspektive" betonte und die „Leidensgeschichte der Deutschen in den Vordergrund" rückte[328]. Man sah vor allem sich selbst als Opfer – des Bombenterrors, von Flucht und Vertreibung oder, im Eichsfeld, als Katholiken.

Das zweite Beispiel: Die vom Heimat- und Verkehrsverband Eichsfeld herausgegebene Zeitschrift, nunmehr mit dem Titel „Eichsfeld", bemängelte 1993 eine Ausstellung, die ein junger Duderstädter erarbeitet hatte. Die Ausstellung widmete sich dem Thema „Fremdarbeiter, Kriegsgefangene und KZ-Häftlinge im Duderstädter Rüstungsbetrieb Polte". Dazu schrieb die Heimatzeitschrift: „Regierungspräsident Lange lobte das Projekt mit den Worten: ‚Duderstadt würde etwas fehlen, wenn solche Dinge nicht dokumentiert wären.' Andererseits muss diese Ausstellung auch kritisch gesehen werden, da es den Deutschen, die dort dienstverpflichtet waren, nicht viel besser erging, als den Fremdarbeitern und KZ-Häftlingen, was Arbeitsleistung und Verpflegung anbetraf."[329] Eine Aufforderung, diese verharmlosende Betrachtungsweise der KZ-Haft jüdischer Frauen in der nächsten Ausgabe zu korrigieren, folgte Verfasser Erich St., zugleich Redaktionsleiter der Heimatzeitschrift und Ortsheimatpfleger von Duderstadt, nicht. Vielmehr berief er sich auf „Aussagen von seinerzeit dort arbeitenden Menschen". Diese hatten folglich das Unrecht auch nicht als solches verstanden. St. plädierte dafür, doch „lieber nach vorn" zu blicken.[330]

Da das 1945 vorhandene Wissen über das „Arbeitslager" der SS nicht zum Anlass genommen wurde, nach Ende des Krieges Nachforschungen anzustellen und sich mit dem Geschehen, in das auch Duderstädter Einwohner einbezogen worden waren, auseinanderzusetzen, und weil deshalb auch nicht darüber gesprochen wurde, begann mit dem Ende der NS-Zeit das Vergessen der Verbrechen dieser Epoche in Duderstadt. Hinzu kam die Not der ersten Nachkriegsjahre, der Kampf ums Überleben in einer schweren Zeit, welche die Aufmerksamkeit der Menschen in Anspruch nahm. Es darf dabei jedoch nicht übersehen werden, wie sehr zudem die gesellschaftlichen und politischen Eliten im überwiegend katholisch-konservativen Duderstadt bemüht waren, die Ver-

---

[327] Der Verfasser nahm an dieser Ratssitzung teil.
[328] Wolfrum 2004, S. 193.
[329] „Eichsfeld", Heft 10, Oktober 1993.
[330] Briefwechsel mit der Redaktion der Zeitschrift „Eichsfeld" 1993.

strickung der Stadt und vieler ihrer Menschen in das nationalsozialistische Herrschaftssystem zu verdrängen. Statt dessen wurde ein geschöntes Geschichtsbild gepflegt, wie es ein Buch mit dem Titel „Das Eichsfeld unterm Hakenkreuz" zeichnete. Danach hätte „die angestammte katholische Bevölkerung des Eichsfeldes samt ihrem Klerus genau wie die anderen überwiegend katholischen Gebiete von Anfang an zum Nationalsozialismus in Opposition gestanden und dafür gelitten".[331] Dieses Geschichtsbild konnte erst später durch realistischere Feststellungen über das Verhältnis der Duderstädter zum NS-Staat korrigiert werden: „Der Regelfall des Umgangs mit dem Nationalsozialismus an der Macht scheint aber ein faktisches Tolerieren und Sich-Einrichten mit den als gegeben akzeptierten Verhältnissen gewesen zu sein, was in vielen Fällen und bei vielen Gelegenheiten ein Mitwirken ... an Aktionen von Staat und Partei einschloss".[332] Ausgeblendet wurde in Duderstadt insbesondere die Verstrickung in die schlimmsten Verbrechen des Nationalsozialismus. Das hatte zur Folge, dass die politische Mehrheit der Stadt sich lange nicht willens zeigte, der wahren Opfer dieser Epoche in Duderstadt angemessen zu gedenken.

Weil dieses Verdrängen nationalsozialistischer Verbrechen in Duderstadt bestritten wird, soll an einigen weiteren Beispielen aufgezeigt werden, wie sehr sich die gesellschaftlich und politisch führende Klasse dem Erinnern an dieses Unrecht widersetzte. Als 1978 die SPD-Fraktion im Stadtrat beantragte, die Stadt Duderstadt möge zum 40. Jahrestag der Pogromnacht am 9. November 1938 eine Gedenkfeier ausrichten, lehnte die CDU-Mehrheit dieses Ansinnen ab – obwohl auch in Duderstadt die Synagoge angezündet, jüdische Geschäfte geplündert und jüdische Einwohner verhaftet worden waren. So lud nicht die Stadt, sondern der SPD-Ortsverein gemeinsam mit der Gesellschaft für christlich-jüdische Zusammenarbeit aus Göttingen zu einer Gedenkfeier am 9. November 1978 in die Christian-Blank-Straße ein, wo die Synagoge gestanden hatte.[333] Das angemessene Erinnern an die Ausschreitungen, das Gedenken der Opfer von damals sollte also dem Mehrheitswillen nach nicht stattfinden. Das Verdrängen wurde als Akt politischen Wollens und Handelns inszeniert.[334]

Schon 1938 hatte sich, wie nahezu überall in Deutschland, „auch die Bevölkerung der Eichsfelder Kleinstadt nicht über diese Vorgänge" empört[335]. Ja, nach dem Judenpogrom sinnierten manche Duderstädter, die den Nazi-Terror verabscheuten und als Verbrechen verstanden, zugleich vom Standpunkt eines kirchlichen Antisemitismus her darüber, ob die Juden durch Hitler nicht ein

[331] Siebert 1982, Vorwort vor Seite 1.
[332] Ebeling/Fricke 1992, S. 226.
[333] Südhannoversche Volkszeitung vom 10.11.1978.
[334] Vgl. die Kritik der Rede vom Verdrängen bei Anders 1985, S. 285 f.
[335] Uta Schäfer-Richter 1992, S. 254.

Schicksal erlitten, welches ihnen Moses angesichts ihrer zeitweiligen Gottesferne vorausgesagt habe, und ob Gottesferne nicht auch und vor allem darin zu erblicken sei, dass die Juden Christus getötet hätten.[336]

Weniger inneren Abstand als zu den früheren jüdischen Einwohnern hielten die gewählten Vertreter des demokratischen Duderstadt zu Andreas Dornieden, Bürgermeister von 1933 – 1945, ein. Als dieser prominenteste Nationalsozialist der Stadt 1976 in Herne starb, veröffentlichten der amtierende Bürgermeister und der Stadtdirektor[337] im Namen der Stadt einen Nachruf. Der zeichnete sich durch völlige Distanzlosigkeit aus: „Der Verstorbene war von 1933 bis 1945 Bürgermeister der Stadt Duderstadt. Während dieser Zeit hat er seine ganze Arbeitskraft dem Wohle unserer Stadt gewidmet. Dafür sei ihm herzlich Dank gesagt. Wir werden ihm ein ehrendes Gedenken bewahren."[338]

Die Geisteshaltung des Verdrängens der Verbrechen der NS- Zeit prägte sich auch dem Stadtbild ein. In der Christian-Blank-Straße erinnert ein Denkmal an Angehörige des Duderstädter Gymnasiums, die im Ersten und im Zweiten Weltkrieg gefallen sind, mit dem alten Spruch, es sei süß und ehrenvoll für das Vaterland zu sterben. („Dulce et decorum est pro patria mori.") Es erfordert eine erhebliche psychische Verdrängungskraft, nach einem Krieg, zu dessen Zielen unter anderem auch die Vernichtung der europäischen Juden gehörte, derart der gefallenen und auch Opfer gewordenen deutschen Soldaten des 2. Weltkrieges zu gedenken. Süß und ehrenvoll – als ob das Töten und Sterben im Krieg nicht grausam sei und als ob die Ziele der nationalsozialistischen Kriegsherren so ehrenwert gewesen wären. Dieses kürzlich renovierte Denkmal, das doch zugleich Auskunft über die Gesinnung derjenigen gibt, die es in dieser Form erhalten, befindet sich in derselben Straße, in der die Synagoge stand. – Auch an die 1938 abgebrannte Synagoge erinnert inzwischen ein Gedenkstein. Er aber durfte nicht in der Christian-Blank-Straße aufgestellt werden, wo das Gotteshaus stand, sondern abseits auf dem Stadtwall, auf der rückwärtigen Seite des Synagogengrundstücks. Dieses Denkmal mit seinen in Stein gehauenen Flammengebilden weist damit nicht nur auf das niedergebrannte Synagogengebäude hin, sondern durch seinen Standort geradezu räumlich auf die gegen das Erinnern gerichteten Kräfte des Verdrängens in der Gegenwart.

Das Verdrängen der Erinnerung an das KZ-Außenkommando gelang vollkommen. Vom November 1944 bis zum April 1945 hielten sich die Duderstädter Einwohner, von wenigen Ausnahmen abgesehen, auf Distanz zu den KZ-Häftlingen, wenn nicht aus Überzeugung, dann weil es verboten war, Kontakt

---

[336] Waldhelm 1988, S. 439 ff.
[337] Bürgermeister Willi Thiele (CDU) und Stadtdirektor Karl Krukenberg.
[338] Staeck/Adelmann 1977, S. 46.

Denkmal auf der städtischen Wallanlage zur Erinnerung an die
Zerstörung der Synagoge und die Verfolgung jüdischer
Einwohner der Stadt am 9./10. November 1938

aufzunehmen. Es wurden jedoch auch nach 1945 keine Verbindung zu ihnen gesucht, wie es eine gründliche Auseinandersetzung mit der NS-Zeit erfordert hätte. Duderstadt ging nach dem Ende der Diktatur zu den jüdischen Opfern der NS-Zeit auf die Distanz des Vergessens.

Die 1953 eingeweihte Gedenkstätte auf dem in der Nazi-Zeit zerstörten jüdischen Friedhof erinnert nicht an die dort vergrabenen Toten des KZ-Außenlagers.

1958 bewies der Duderstädter Stadtrat einen gänzlich unsensiblen Umgang mit dem historischen Erbe der NS-Zeit, so als hätte es den Mord an den Juden nicht gegeben. In der umfangreichen Duderstädter Heimatliteratur ist eine alte Figur, der fratzenhafte Anreischke, völlig übereinstimmend als Judenkopf beschrieben worden.[339] Das hinderte den Stadtrat jedoch nicht, die als antisemitisch verstandene Spottfigur umzuwidmen zu einer Darstellung des polnischen Stadtbaumeisters Andreas und als Attraktion für den Fremdenverkehr und „kulturellen Beitrag" für die Allgemeinheit zu nutzen (Ratsbeschluss und Zuschussantrag 1958). Eine vergrößerte Nachbildung wurde 1959 samt Glockenspiel in einem Rathausturm aufgestellt.[340] 1974 übte der Duderstädter Gymnasiallehrer Dr. Boegehold eine sehr deutliche Kritik an dieser Vorgehensweise. In der Zeitschrift des Heimatvereins, „Die goldene Mark", stellte er ausführlich dar, mit dem Judenkopf, aus einer „Zeit lebhafter Judenfeindschaft" stammend und in einem der Stadttore aufgestellt, habe das Bürgertum zum Ausdruck bringen wollen: „Juden sind hier nicht erwünscht!"[341] Boegeholds Aufsatz blieb unbeachtet und der Anreischke weiterhin im Einsatz für den Fremdenverkehr. Das bedeutet, die Vernichtung der europäischen Juden, darunter auch Einwohner Duderstadts, wurde verdrängt. Denn wer dieses Verbrechen bedachte, konnte nicht eine als antisemitisch verstandene Figur mit einer anderen Identität versehen und zur Belustigung von Touristen vom Rathausturm herunternicken lassen. Allerdings hatte der Duderstädter Stadtrat 1958 mehr Glück als Verstand. Die lokalen Historiker irrten sich. Als die GRÜNEN etliche Jahre später unter Berufung auf Boegehold eine gründliche wissenschaftliche Untersuchung des Anreischken erreichten, vermochten die hinzugezogenen Fachleute diese Figur zwar nicht zu deuten, konnten aber zumindest ausschließen, dass es sich um einen Judenkopf handle.

Weiter ist auf die umfangreiche „Duderstädter Chronik"[342] hinzuweisen, verfasst vom Stadtarchivar und 1979 von der Stadt Duderstadt herausgegeben. Darin wird das Außenkommando des KZ Buchenwald in Duderstadt mit keinem

---

[339] Z. B. Jäger 1910, S. 60f. – Jäger 1921, S. 12. – Wüstefeld 1929, S. 22.
[340] Göttinger Tageblatt und Südhannoversche Volkszeitung vom 2.4.1959.
[341] Boegehold 1974, S. 21.
[342] Lerch 1979.

Wort erwähnt. Und, wie oben dargestellt, benötigte die Stadtverwaltung 1982 fünf Monate Zeit, um nach eigenen Nachforschungen den gegebenen Hinweis auf das KZ-Außenkommando als zutreffend bestätigen zu können. Währenddessen hatten Schüler des Duderstädter Eichsfeld-Gymnasiums in Dachau den Namen Duderstadt auf einer Übersichtstafel der nationalsozialistischen Lager entdeckt.[343] Anderswo wusste man damals demnach mehr als in Duderstadt selbst.

12. 03 Das Erinnern

Überraschung, Betroffenheit, ungläubiges Staunen, Kopfschütteln und heftiger Widerspruch waren 1982 in Duderstadt die Reaktionen auf die Entdeckung des KZ-Lagers, das 1944/45 beim Polte-Werk eingerichtet war. Damit begann, als gegenläufige Bewegung zum Verschweigen und Vergessen, das Erinnern, für viele auch das widerwillige Sich-erinnern-Müssen. Immerhin fasste der Rat der Stadt Duderstadt 1983 den folgenden einstimmigen Beschluss:

„Dem Stadtdirektor – Stadtarchiv – wird als eine Schwerpunktaufgabe für die nächste Zeit übertragen, die Ereignisse in Duderstadt während der nationalsozialistischen Zeit zu erforschen und die Ergebnisse der Öffentlichkeit in geeigneter Form vorzutragen.

In Ausführung dieser Aufgabe wird das Stadtarchiv Bemühungen unterstützen, die Geschichte der Stadt in dieser Zeit zu erhellen, im Rahmen seiner Möglichkeiten und Pflichten.“[344]

Allerdings stand dieser Beschluss für viele Jahre lang nur auf dem Papier.

Ebenfalls 1983 bot der Bildhauer Bernd Frerix der Stadt Duderstadt an, zur Erinnerung an die KZ-Häftlinge eine Plastik – „Die geknechtete Frau“ – leihweise zur Verfügung zu stellen. „Es ist eine menschliche Figur, am Boden zusammengekauert, nackt, im Versuch, sich mit den Händen zu schützen, ein Mensch, dessen Körper sich in elementarer Angst zusammenzieht – eine Gestalt, von der zugleich ein ergreifender Appell ausgeht, zu geben, was des Menschen ist: Schutz, Güte, Barmherzigkeit, Solidarität.“ So die Interpretation des Stadtarchivars Dr. Wojtowytsch.[345] Der Bildhauer erhielt wegen dieser Leihgabe Schmähbriefe. Auch der Stadt Duderstadt war sein Angebot offensichtlich nicht sehr willkommen. So entschied die Stadtverwaltung zunächst, die „Geknechtete“ ohne jede Feierlichkeit durch Arbeiter des Bauhofes beim städtischen Ehrenmal aufstellen zu lassen. Auf Protest hin wurde dann doch eine

---

[343] Foto in der Sammlung des Verfassers.
[344] Protokoll der Sitzung des Rats der Stadt Duderstadt am 16.3.1983.
[345] Text der Ansprache bei der Enthüllung des Denkmals am 20. Juli 1984.

Feier vorgesehen. Jedoch eine eigene, allein ihnen geltende Gedenkstunde mochte der Duderstädter Stadtrat den jüdischen Frauen nicht widmen. Vielmehr wurde beschlossen, „den 20. Juli als Tag des Widerstandes aller Bevölkerungsschichten als Termin zur Aufstellung/Enthüllung des Mahnmals des Bildhauers Frerix zum Nationalsozialismus festzulegen".[346]

Der 20. Juli 1944 wurde in diesem Beschluss somit zum Tag eines breiten Volksaufstandes umgedeutet, obwohl der Widerstand tatsächlich „eher ein Randphänomen"[347] der NS-Zeit war. Wenn ferner die „geknechtete Frau" zu einem allgemeinen „Mahnmal zum Nationalsozialismus" umbenannt wurde, drückte sich darin eine wohlüberlegte Absicht aus, wie sich vier Jahre später bestätigen sollte und noch zu belegen sein wird. Es ging darum, die Plastik zwar aufzustellen, dabei aber die Intention des Künstlers, konkret an die in Duderstadt geknechteten Jüdinnen zu erinnern, durch eine andere zu ersetzen. Man wollte nicht die 755 Frauen durch ein Denkmal hervorheben, sondern ihrer allenfalls eingereiht in die nicht mehr vorstellbare Menge aller Opfer der NS-Zeit gedenken, eben mit einem „Mahnmal zum Nationalsozialismus". Die Terminplanung für die Enthüllung des Denkmals am 20. Juli 1984 bedeutete zudem, die „Geknechtete" gleichsam zu umstellen mit den Männern und Frauen des Widerstandes, obwohl doch die KZ-Häftlinge in ihrem Lager in Duderstadt von ganz anderen, den SS-Wachen in ihren Uniformen mit dem Totenkopf, umzingelt waren. Das hieß, die Aufmerksamkeit zumindest teilweise von dem Verbrechen abzulenken und es zu relativieren: Es gab doch den Widerstand!

Die Entscheidung, das Denkmal „Die geknechtete Frau" im Rahmen einer Veranstaltung zum 40. Jahrestag des Attentats am 20. Juli 1944 zu enthüllen, entsprach offenbar einer in Duderstadt verbreiteten Strategie im Umgang mit den Verbrechen der NS-Zeit. Der bereits zitierte Redaktionsleiter und Ortsheimatpfleger schrieb 1993 zur Verteidigung seiner Verharmlosung des KZ-Außenkommandos in Duderstadt vergleichsweise: „Wir Deutsche sollten uns angewöhnen, nicht immer in ‚Sack und Asche' zu gehen ... Unsere Vergangenheit können wir sowieso nicht leugnen und sollten auch dafür einstehen. Es gab nämlich nicht nur einen 30. Januar 1933, sondern auch einen 20. Juli 1944!"[348] Eine solche deutsch-national eingefärbte Gesinnung bedurfte offensichtlich dieses Satzes „Aber es gab doch den 20. Juli 1944!", wenn es galt, den Anblick nationalsozialistischer Barbarei auszuhalten. Auf diese Weise wurden dem Anschauen und Denken gewisse Ausweichmöglichkeiten und dem nationalen Selbstbewusstsein eine Stütze verschafft.

---

[346] Beschlussprotokoll eines Ratsgremiums vom 12.4.1984.
[347] Garbe 2002, S. 823.
[348] Briefwechsel mit der Redaktion der Zeitschrift „Eichsfeld" 1993.

Der Redner bei der Feier am 20. Juli 1984 in Duderstadt entzog sich jedoch solchen Absichten zur Relativierung. „Meine sehr verehrten Damen und Herren", begann er, „eine der eindrucksvollsten Erzählungen des Neuen Testaments ist die vom barmherzigen Samariter. Sie beginnt mit den Sätzen: ‚Ein Mann ging von Jerusalem nach Jericho und fiel unter die Räuber. Die plünderten ihn aus, schlugen ihn blutig und ließen ihn halbtot liegen und gingen davon.' (Luk. 10,30) Es ist dieser erste Teil der Erzählung, der uns heute besonders berührt. Denn wir sind zusammengekommen, weil es vor nunmehr vierzig Jahren in Duderstadt Menschen gab, die unter die Räuber gefallen waren, unter die schlimmsten, die es damals gab.

Gewiss, es waren nicht wenige, denen damals dieses Schicksal widerfuhr, die Freiheit und Besitz, Ehre, Gesundheit und Leben verloren. Doch gedenken wir einer bestimmten Gruppe von ihnen heute in besonderer Weise. Es sind 750 jüdische Frauen aus Ungarn, die in einem Arbeitslager in Duderstadt etwa 5 Monate lang gefangengehalten wurden, unter härtesten Bedingungen lebten und rücksichtslos ausgebeutet wurden.

Der Anlaß, gerade dieser Frauen heute zu gedenken ist zunächst ein äußerer: Der unter uns lebende Bildhauer Herr Frerix hat ihnen ein Denkmal gewidmet. Damit sollen die Leiden anderer nicht gering geachtet und von den anderen Verfolgten und Unterdrückten soll keiner vergessen werden. Doch hat es seinen Sinn, das Schicksal dieser Frauen einmal gesondert zu betrachten, ihrer zu gedenken, ohne im gleichen Atemzug alle die anderen zahllosen Opfer mit zu nennen und das Meer des Grauens zu beschwören, das die deutsche Diktatur und der Krieg geschaffen haben. Das Ganze ist nicht mehr begreifbar, es ist nur statistisch erfaßbar. Ein Zugang, die Dimension des Grauens zu erfahren, ist die Vergegenwärtigung des Einzelschicksals. Und darum geht es hier. Jedes Unrecht schreit unmittelbar zum Himmel und es verlangt, in seiner ganzen Intensität gehört zu werden."[349]

Auf dem städtischen Ehrenmal stand und steht, wie als Inschrift: „Allen Opfern der Gewalt." Darüber hochragend aufgerichtet ist das Eiserne Kreuz. An dieser Stelle drückt es aus, dass als Opfer ganz besonders der gefallenen deutschen Soldaten zu gedenken sei. Das Eiserne Kreuz hat als Kriegsauszeichnung eine lange Geschichte. Im 2. Weltkrieg war es, neben dem Hakenkreuz, ein Zeichen derer, die große Teile Europas überfielen und eroberten und zuletzt auch Ungarn besetzten. Dass die deutschen Soldaten nicht nur Leidende waren, dass Krieg Töten bis hin zur Lust am Töten[350] bedeutet und dass es ohne Täter

---

[349] Text der Ansprache von Dr. Wojtowytsch bei der Enthüllung des Denkmals „Die geknechtete Frau" am 20. Juli 1984.
[350] Wolfrum 2004, S. 192.

Komposition von Denkmälern am Obertorteich in Duderstadt

keine Opfer gibt, ist in der Widmung „Allen Opfern der Gewalt" unter dem Eisernen Kreuz ausgeblendet. Auch das ist ein Beispiel für das Verdrängen des Erinnerns an Unrecht und Schuld. Mit der „geknechteten Frau" wurde nun allerdings dem städtischen Ehrenmal ein neuer Aspekt hinzugefügt: der nachdrückliche Hinweis auf Opfer des NS-Staates, die mit keiner Täterschaft in Verbindung zu bringen waren. Wer freilich nicht wusste, dass die vornübergebeugt kauernde Frauengestalt nach Absicht des Künstlers an das Schicksal weiblicher KZ-Häftlinge in Duderstadt erinnern sollte, konnte diesen lokalen Bezug nicht erkennen. Die „geknechtete Frau" blieb insofern anonym. Es bedurfte eines mehrjährigen, ausdauernden Bemühens, bis dem Denkmal auch eine erläuternde Inschrift hinzugefügt wurde. In der Sitzung eines Ratsgremiums im Jahr 1988 wurde folgender Wortlaut der Inschrift beschlossen:

„Ach, daß ich Wasser genug hätte in meinem Haupte und meine Augen Tränenquellen wären, daß ich Tag und Nacht beweinen möchte die Erschlagenen in meinem Volk (Jeremia 8,23). Die Geknechtete wurde zum mahnenden Gedenken an die 750 ungarischen Jüdinnen, die vom November 1944 bis April 1945 als Häftling im Außenkommando des Konzentrationslagers Buchenwald in Duderstadt am Euzenberg unter menschenunwürdigen Bedingungen leben und arbeiten mußten, aufgestellt."[351]

Auch dieser Text verharmlost wieder das Geschehene. Die Aussage, die Jüdinnen hätten unter „menschenunwürdigen" Bedingungen im KZ-Außenkommando Duderstadt leben und arbeiten müssen, ist zwar nicht falsch, aber halbherzig. Sie verdeckt den schlimmsten Aspekt: dass die KZ-Häftlinge durch Arbeit und Hunger systematisch vernichtet werden sollten. Es ist eben nicht nur an die verletzte Menschenwürde von mehr als 700 Frauen zu erinnern, sondern an den Versuch eines Massenmords, der nicht zu Ende geführt werden konnte. Die Wortwahl der Inschrift macht also weis, ganz so schlimm, wie es tatsächlich war, sei es doch nicht gewesen.

Der Beschluss über den Text der Inschrift konnte nicht mit Zustimmung aller gefasst werden. Widerspruch gab es jedoch nicht wegen der Verharmlosung. Die Ablehnung des Textes kam von einer ganz anderen Seite. Das Protokoll vermerkt, der 1. stellvertretende Bürgermeister N. „erklärte sich mit der textlichen Beschränkung auf die ungarischen Jüdinnen nicht einverstanden, da die Skulptur bei der Aufstellung ausdrücklich allen Opfern der Gewalt gewidmet wurde".[352]

Damit erhellte N. zugleich, dass Beschluss von vor vier Jahren, den Gedenkstein für die während des Krieges im KZ in Duderstadt gefangenen Frauen als

---

[351] Protokoll eines Ratsgremiums vom 11.10.1988.
[352] Protokoll der Sitzung eines Ratsgremiums vom 11.10.1988.

allgemeines „Mahnmahl zum Nationalsozialismus" aufzustellen, tatsächlich absichtsvolle Manipulation war.

Weil die 1983 beschlossene Untersuchung zur NS-Zeit auf sich warten ließ, führte die Geschichtswerkstatt Duderstadt am 4. November 1988 eine Veranstaltung im Rathaussaal durch, in der zum ersten Male ausführlich über das KZ-Außenkommando in Duderstadt informiert wurde. Eine Gedenkveranstaltung der Stadt Duderstadt am 9. November 1989 anlässlich des 50. Jahrestages der Pogromnacht von 1938 begleitete die Geschichtswerkstatt mit einer Ausstellung. 1989 versetzte die Stadt nach kontroverser Diskussion in den Ratsgremien die Geschichtswerkstatt finanziell in die Lage, eine Gruppe ehemaliger Häftlinge, Frauen aus Ungarn und Israel, nach Duderstadt einzuladen. Das bedeutete aber immerhin, Ende der achtziger Jahre konnte erstmals eine kleine Gruppe von neun Frauen den Ort ihrer früheren Gefangenschaft wieder aufsuchen. Sie besuchte Duderstadt im Juli 1989.

Diesen Besuch zu ermöglichen war eine freiwillige Leistung der Stadt Duderstadt, die viele andere Städte in gleicher Situation nicht erbracht haben. Die immer noch vorhandene Zwiespältigkeit dabei wurde aber auch deutlich. Der Beschluss über den Zuschuss war mit dem Zusatz versehen, dass es sich um eine einmalige und nicht zu wiederholende Leistung handle.[353] Während der Bürgermeister die Reisegruppe ehemaliger Häftlinge im Sitzungssaal des Rathauses empfing, durfte zu gleicher Zeit in demselben Hause – im Verkehrsbüro – paradoxerweise ein Heft, das über das Außenkommando des KZ Buchenwald in Duderstadt informierte, nicht zum Verkauf ausgelegt werden.[354] Dabei wurden im Verkehrsbüro zahlreiche andere Publikationen zur Geschichte der Stadt und des Eichsfeldes angeboten. Die Ablehnung der kleinen Schrift über das KZ-Außenkommando geschah offensichtlich in Übereinstimmung mit einflussreichen Kreisen der Duderstädter Gesellschaft oder mit Rücksicht auf sie. In ähnlicher Weise reagierte nämlich der Duderstädter Buchhändlers S., der ebenfalls gebeten worden war, dieses Heft der Geschichtswerkstatt zum Verkauf anzubieten. Seine abschlägige Antwort lautete: Er habe Kundschaft sehr verschiedener Couleur. Dies sei für ihn sehr kritisch, unabhängig von seiner persönlichen Meinung. Man möchte ihn doch verstehen.[355]

Obwohl die Stadt Duderstadt den finanziellen Zuschuss von 1989 zum Besuch von Frauen, die ehemals als Häftlinge in Duderstadt waren, als einmalige und nicht zu wiederholende Leistung deklariert hatte, lud sie selbst 1994 zur Gedenkfeier anlässlich des 50. Jahrestages der Errichtung des KZ-Außenlagers

---

[353] Brief der Stadt Duderstadt an die Geschichtswerkstatt vom 12.7.1989.
[354] Briefwechsel der Geschichtswerkstatt Duderstadt 1989 mit der Stadt Duderstadt.
[355] Notiz über das Gespräch mit dem Buchhändler S. am 28.4.1989.

und der Aufstellung eines Denkmals vor dem ehemaligen Lagergelände eine
Gruppe von Frauen aus Ungarn nach Duderstadt ein. Sich mit der Geschichte

immer wieder auseinanderzusetzen sei Voraussetzung dafür, die Zukunft meistern zu können, betonte der Bürgermeister[356] in seiner Ansprache beim Empfang der Gäste im Saal des historischen Rathauses.[357]

Zuvor, 1992, war das Buch „Duderstadt 1929 – 1949" von Hans-Heinrich Ebeling und Hans-Reinhard Fricke mit Beiträgen weiterer Autoren erschienen, eine umfangreiche wissenschaftliche Untersuchung der Geschichte der Stadt Duderstadt in der Zeit des Nationalsozialismus und der angrenzenden Jahre.

---

[356] Lothar Koch
[357] „Geschichtsaufarbeitung als lebendiger Bestandteil der Zukunft", Eichsfelder Tageblatt vom 7.11.1994.

1993 unterstützte die Stadt Duderstadt die schon erwähnte Ausstellung über „Fremdarbeiter, Kriegsgefangene und KZ-Häftlinge im Duderstädter Rüstungsbetrieb Polte". Auch hier erklärte der Bürgermeister das Erinnern für notwendig: „Die Ausstellung ist wichtig, damit die Duderstädter dokumentiert bekommen, was während des Zweiten Weltkrieges in der Munitionsfabrik Polte passiert ist."[358] Die Stadt Duderstadt selbst pflegt engen Kontakt zu einem Bürger Israels, der in den 30er Jahren Einwohner Duderstadts war und dem Völkermord entkommen konnte. Duderstädter Schülerinnen und Schüler setzen sich mit der nationalsozialistischen Vergangenheit der Stadt auseinander und pflegen den jüdischen Friedhof. Bürgermeister[359] und Verwaltungsausschuss des Stadtrats fördern den Besuch einer weiteren Gruppe von Ungarinnen, die vom 5. bis 8. April 2005 auf Einladung der Geschichtswerkstatt nach Duderstadt kommt, also genau sechzig Jahre nach der Evakuierung des Lagers.

In langjährigem Bemühen ist es somit gelungen, das Außenkommando des KZ Buchenwald in Duderstadt und das Schicksal der dort gefangenen ungarischen Jüdinnen dem Vergessen zu entziehen und hinsichtlich der Opfer der NS-Zeit neue Maßstäbe zu setzen. Die lange Jahre mühsam sich dahinschleppende Aufklärung und Aufarbeitung der Geschichte des KZ-Außenkommandos ist inzwischen selbst schon wieder zu einem Stück der allerjüngsten Geschichte der Stadt Duderstadt geworden.

Die Art des Umgangs mit der NS-Vergangenheit seit 1945 in Duderstadt entsprach insgesamt der Entwicklung in der Bundesrepublik Deutschland, wie sie Edgar Wolfrum beschreibt. In Duderstadt vollzog sich diese Entwicklung allerdings zum Teil um viele Jahre zeitversetzt. Wolfrum stellt dar, wie zunächst das Opfergedenken verengt war auf die eigenen, die deutschen Soldaten und die Opfer der Vertreibung. Die Auseinandersetzung mit der Schuld der Deutschen war weit in den Hintergrund gerückt. Die deutsche Teilung erschien als Unrecht, das die Siegermacht Sowjetunion zu verantworten hatte, nicht als Folge des Angriffs auf die Sowjetunion am Morgen des 21. Juni 1941. Im Hinblick auf den Holocaust herrschte bis Ende der 50er Jahre ein „Nicht-genau-wissen-Wollen" vor. Erst die großen NS-Prozesse wie der Eichmann-Prozess 1961/62 in Jerusalem, der Auschwitz-Prozess 1963/64 in Frankfurt, die Verjährungsdebatten im Deutschen Bundestag und auch Rolf Hochhuts Theaterstück „Der Stellvertreter", ebenso die TV-Serie „Holocaust" führten zu einem langsamen Einstellungswandel. „Die Verurteilung der NS-Verbrechen als ein Verstoß gegen universelle Menschenrechte, ohne relativierende Einschränkung zugunsten einer nationalen Ehre der Deutschen, brach mit den bisher vorherrschenden

---

[358] „Heimatmuseum erinnert an NS-Zeit", Eichsfelder Tageblatt vom 2.9.1993.
[359] Wolfgang Nolte

Wertetraditionen."[360] Zahlreiche lokalgeschichtliche Initiativen entstanden in den 80er Jahren und erreichten eine neue Denkmalslandschaft, nicht zuletzt aus dem Bestreben, „der schnelllebigen Medienvermittlung Dauerhaftes gegenüber zu stellen".[361]

Das Außenkommando des KZ Buchenwald beim Polte-Werk ist Teil der historischen Identität von Duderstadt. Sie kann nicht abgelegt werden. Es hilft nicht abzuwarten in der Hoffnung, es könnte mit der Zeit irgendein Gras darüber wachsen. Die verschiedenen Formen des Vergessens, Verdrängens, der Blindheit gegenüber dem, was geschehen ist, führen zu keiner Lösung. Wenn, wie Gesine Schwan schreibt, das Verbrechen an den Juden begünstigt und bewirkt wurde auch durch „die Preisgabe des Gewissens und der individuellen Verantwortung im blinden Gehorsam, das Bedürfnis mitzumachen (mit den Wölfen heulen), Gefühlshärte, Wegsehen, Gedankenlosigkeit, Begrenzung auf das allerengste private Wohl"[362], stellt sich die Frage, welche Schlussfolgerungen daraus zu abzuleiten sind, welche Konsequenzen wir für unser Sein jetzt und in Zukunft daraus ziehen müssen. Antworten darauf zu finden ist unabweisbar notwendig. Denn es ist erschreckend zu erkennen, wie sich auch in dem Verdrängen und Vergessen nach Kriegsende vieles an Haltungen, Einstellungen und Unvermögen fortsetzte, was vor 1945 zum Versagen geführt hatte: Wegsehen, Gleichgültigkeit gegenüber den Anderen, Mangel an Einfühlungsvermögen, Gedankenlosigkeit, Begrenzung auf sich selbst. Um dies zu überwinden reicht es nicht aus, zu wissen, was war. Die Rituale der Kranzniederlegungen zu den einschlägigen Erinnerungsterminen sind wichtig, aber von begrenzter Wirkung. Die Gedenksteine markieren nicht das Ziel der Erinnerungsarbeit, sondern den Ausgangspunkt für das wesentlich Erforderliche: das Wissen zu verstehen, es zu verarbeiten und in Erfahrungen zu verwandeln, die Bedeutung gewinnen für das eigene individuelle wie für das Leben in der Gesellschaft. Diese eigentliche Leistung ist weithin noch zu erbringen und immer wieder zu erneuern. Die Zeiten der Abwehr des Erinnerns waren in diesem Sinne verlorene Jahre.

---

[360] Wolfrum 2004, S. 194.
[361] Ebd.
[362] Schwan 1997, S. 220.

Dudelstadt   Tactow. Nummer:A-12.754
                                                            A-12.753

_ P r o t o k o l l _

aufgenommen am 22. Juli 1945 im DEGOB / Heim des Landes
komittees für Deportiertenfürsorge /Budapest.. Ajtosá "ürer s

Es erschien: Bella Sámuel   Paula Sámuel
Geboren: 4. September 1929   5. August 1924
                    Királyháza   Királyháza
Wohnort:
Beschaeftigung: Haushalt   Kaufmann
Ghetto: Nag y Szöllös   Nagy Szöllös
Lager: Auschwitz/Mai-September/
                                          Bergen-Belsen/September-Oktober/
                                          Dudelstadt/Oktober-April/
                                          Theresienstadt/April-Mai/

Obengenannte gibt folgendes zu Protokoll:

Eines Morgens hiess es , dass die Juden alle packen
sollen, da man sie wegführe, 50 kg -Pakete waren gestattet .
Dann sammelte man uns. Wir hatten drei Tage, auf den Weg nach
Nagy Szöllös, nichts zu essen, nur das was die christen uns
brachten, es waren unter ihnen sehr anstaendige. Dort angekomme
führte man uns in den Tempel, wo wir eine ganze Nacht verbrac
ten, waehrend welche wir sehr arg geprügelt wurde. Am anderen
Morgen hielt man Leibesvisitation ab, bei dieser Gelegenheit
nahm man uns natürlich alle Werte ab. Bis Nachmittag liess
man uns ganz ohne Essen. Dann kamen wir ins Ghetto, wo die Ju
uns in einer Wohnung Platz machten. Nach zwei Wochen wurde me
unser Vater interniert, mit der Beschuldigung, dass er nicht
alles Gold und Gold abgegeben hatte. Dort wurden die Menschen
auf die furchtbarste Art und Weise geschlagen und gequaelt.
Nach weiteren zwei oder drei Wochen wurden wir wieder unter
sucht, man nahm uns weg, was noch geblieben war und man jagt
uns zur Bahn. Essen gab man uns gar keines, man stellte nur
drei Kübel Wasser in die überfüllten Waggons. Waehrend der

-2

124

Fahrt mussten wir sehr unter der drückenden Hitze leiden,
da ja ausser der natürlichen ommertemperatur auch die usdüns
tung von 81 Menschen kam.
        In Auschwitz angekommen wurden wir von unseren Angeh
hörigen getrennt.Unsere Mutter mit den vier anderen eschwistern
wurde zu der Vernichtungsgruppe gestellt. Nach dem Auswaehlen
wurden wir zur Desinfektion gebracht. Dort schor man unsere
Köpfe kahl. Dann gab man uns dünne Sommerkleider und wir
froren sehr viel, da trotz der Vorgeschrittenen sommerzeit
sehr kalt war.-Unser armer Vater arbeitete in einer Kohlen
grube, kam von dort aus nach Warschau und ist dort gestorben.-
Wir kamen ins Zigeunerlager.Die Zigeuner hatten im Allgemeinen
viel besser wie wir, schon deshalb weil die Familien zusammen
blieben. Sie hatten mehr zu essen wie wir und die Kinder hatten
besonders anstaendige Kost.Nach acht Tagen wurden wir ins C Lager
versetzt.Dort wurde sehr oft entweder von Mengele oder Drexler
selektiert. Wir gingen vor lauter Angst ganz zu Grunde. Nach
sechs Wochen kamen wir ins B Lager.Dort lebten wir schon
ruhiger, weil das als Arbeitslager deklariert war und keine
Selektionen mehr statt fanden. Im September wurden wir in einen
Transport eingereiht.
        Wir kamen nach Bergen-Belsen. Wir lebten hier in
Zelten.Die Kost war essbar, nur sehr wenig.Wir standen zwar nur
einmal im Tag Zaehlappell, der aber drei bis vier Stunden
dauerte.Im Oktober wurden wir aerztlich untersucht und wurden
in einen Transport eingeteilt.
        In Oudestadt wuden wir gleich zur Arbeit in einer
Munitionsfabrik eingeteilt.Wir waren 750 Leute und wohnten in
Zimmern, jeder auf seiner eigenen Pritsche.Wir hatten zu Beginn
einmal in der Woche Zaehlappell. Unsere Kost war weniger wie
minimal und wir litten riesig unter Hunger. Wenn wir mit
Zivilarbeitern sprachen, waren wir immer nervös, ob uns nicht
eine Aufseherin bemerkt, denn wenn ja dann wehe derjenigen!
Sie wurde unerbittlich geschlagen.Als der Aufseherin einmal
gemeldet wurde, dass ein Maedchen von einem Zivil ein Stück
Brot bekommen habe/WAs gar nicht der Wahrheit entsprach/ schlug
sie die Arme so lange, bis sie in Ohnmacht fiel.Das W.C. durfte
man nur gemeinsam ein-bis zweimal im Tag aufsuchen,da ich
Blasenkatarrh hatt, muste ich sehr viel leiden.Kranke wurden
nur sehr schwer anerkannt, so musste man zumindest 38 Grad
Fieber zur Arbeit gehen. Als dann die Amerikaner schon ganz
in der Nähe waren und es nicht mehr lange gedauert haette, dass
sie unser Gebiet besetzt haetten, wurden wir wieder fortgtrieben.
        Unsere erste Station war ein Scheune, wo wir auf
dem nackten Boden schliefen und schrecklich froren. In zwei
Tagen gingen wir in Richtung Magdeburg vorwaerts.So marschierten
wir drei Wochen.In dieser eit bekamen wir drei einen Liter
Suppe, sonst gar nichts.Als wir dann in einem csechischen
Dorf vier Tage standen, brachte uns die Bevölkerung Lebensmittel.
Uns wurde davon aber nur soviel verteilt, dass wir nicht satt
werden, aber auch nicht Hunger sterben sollten.Acht Kilometer
vor Theresienstadt, in Leitmeritz wurde bombardiert S.S.
liefen in einen eller nachdem sie uns in unsere Waggons einge
sperrt hatten.Wir haten damls vierzehn Tote und sieben Verwundete.

ᵃach dem ᴬngriff gingen die Gesunden zu fuss nach ᵀheresien
stadt. Die ᴷranken, alsauch ihre Angehörigen konnten bis zum
naechsten Morgen bleiben und brachtem man uns /ich war mit
meiner kranken ᶜchwester geblieben/ mit ᵂaggon nach Th.
        Das war hier ien Art Ghetto und da es nur ᴶudeh gabging
es uns gut. ᴹan sorgte für uns und meine Schwester kam ins hie
sige Spital. Einmal in der woche konnte man sie besuchen. Gleich
bei der ᴬnkunft bekamen wir neue Kleider, die das rot Kreuz
zur Verfügung stellte und die Alten wurden verbrannt. Di ᴸeute
schen wollten uns angeblich auch hier vergasen, das rote Kreuz
erfuhr das und konnte es verhindern. Auch knapp vor der ᴮefreiung
wollte man uns töten. ᵂiesmal waren es die russen, die uns dies
mal das ᴸeben retteaten .ᴸeider ist mir aber ein lungenfehler
zurück geblieben, den man vieleicht niemals heilen können wird.
        ᴶetzt sind wir ᵇachhause gekommen und haben niemand von
unserᵉningehörigen angetroffen.

                    Bella und ᴾapa ᶜámuel

Das ᴾrotokoll wurde aufgenommen
    von ᴸilly Blau

Protokoll, Budapest 1945 (Nationales Jüdisches Museum in Budapest)

13. Quellen– und Literaturverzeichnis

Verzeichnis der Quellen:

Vorbemerkung: Alle nachfolgend genannten Quellen befinden sich, entweder als Kopie oder als Original, in der Sammlung des Verfassers. Diese wurde inzwischen dem Stadtarchiv Duderstadt übergeben.

Ansprache des Stadtarchivars Dr. Wojtowytsch bei der Enthüllung des Denkmals „Die geknechtete Frau" am 20. Juli 1984.

Aktenvermerk des Duderstädter Stadtdirektors Krukenberg am 4.2.1983 über ein Telefongespräch mit dem ehemaligen Direktor des Polte-Werks, Ziemann. StadtA Duderstadt: 1984 in der Handakte des Archivars.

Arbeitseinsatzmeldungen des Außenkommandos Duderstadt vom 13.11.1944 - 30.11.1944. Archiv Gedenkstätte Buchenwald.

Arbeitseinsatzmeldung des Außenkommandos Duderstadt vom 1.3.45. Archiv der Gedenkstätte Buchenwald.

Bauzeichnung 1944 „Einzelheiten der Einfriedigung des Frauenwohnlagers für K.Z.-Frauen der Fa. Polte, Werk Duderstadt". StadtA Duderstadt: 1984 in der Handakte des Archivars.

Beschlussprotokoll eines Ratsgremiums vom 14.4.1984. 1984 in der Handakte des Archivars. Kopie in der Sammlung des Verfassers.

Beschlussprotokoll eines Ratsgremiums vom 11.10.1988. Abschrift in der Sammlung des Verfassers.

Bestandsübersicht des Außenkommandos Duderstadt vom 4.11.1944 bis 8.1.1945. Kopie: Gedenkstätte Buchenwald.

Brief des Bürgermeisters der Stadt Duderstadt vom 12. Juni 1942. StadtA Duderstadt, Dud2 Nr. 14387.

Brief des Bürgermeisters der Stadt Duderstadt vom 30. Juli 1942. StadtA Duderstadt, Dud2 Nr. 14387.

Brief der „Deutschen Feilen- und Maschinenfabriken" vom 21.5.1943. StadtA Duderstadt, Dud2 Nr. 14387

Briefe 1946/47 von Klára Mesková, geb. Brener, und Maria Diamant an den ehemaligen Meister F. Kopien in der Sammlung des Verfassers.

Brief der Stadt Duderstadt an die Geschichtswerkstadt Duderstadt vom 12.7.1989. Sammlung des Verfassers.

Briefwechsel 1982 mit der Stadt Duderstadt über die Existenz eines KZ-Außenlagers 1944/45 in Duderstadt. Sammlung des Verfassers.

Briefwechsel 1989 der Geschichtswerkstatt Duderstadt mit der Stadt Duderstadt.

Briefwechsel des Verfassers 1993 mit der Redaktion der Zeitschrift „Eichsfeld".

Briefwechsel mit dem Landschafts-, Heimat- und Verkehrsverband Eichsfeld e.V. 1989. Sammlung des Verfassers.

Ermittlungsakten der Staatsanwaltschaft Göttingen 1963, Az.5 JS 20/63.

Formular der Häftlingskarteikarten: Karteikarte eines weiblichen Häftings mit der Gefangenen-Nr. 39124 des Konzentrationslagers Buchenwald. Gedenkstätte Buchenwald, Abt. Frauenaußenkommandos.

Fragebogen von Rozalia Popovici, Gedenkstätte Buchenwald.

Fraueneinsatz des KZ Buchenwald am 22. März 1945, Archiv Buchenwald.

Geburtsurkunde von Laszlo Fischer, Hadtörénelmi Levéltár [Kriegshistorisches Museum] Budapest. Kopie in der Gedenkstätte Bergen-Belsen.

Gespräch mit Frau Erdös am 26.7.89. Notiz in der Sammlung des Verfasssers.

Gespräch mit Käthe Forgacs am 26.7.1989. Notiz in der Sammlung des Verfassers.

Gespräch mit Käthe Forgacs am 23.7.1990. Notiz in der Sammlung des Verfassers.

Gespräch mit J. N. am 30.11.1988. Notiz in der Sammlung des Verfassers.

Gespräch mit der Stadtführerin A. am 23.7.89. Notiz in der Sammlung des Verfassers.

Gespräch mit dem Buchhändler S. am 28.4.1989. Notiz in der Sammlung des Verfassers.

Gespräch mit Helena Wild bei der Übersetzung eines der Protokolle, Juli 1989. Tonbandabschrift in der Sammlung des Verfassers.

Interview mit Käthe Forgács am 23.7.1989 (Götz Hütt). Sammlung des Verfassers.

Interview mit Eszter Kalisch (=Geburtsname) im Juli 1989 (Götz Hütt). Sammlung des Verfassers.

Interview mit Judith Nyitrai, geb. Spitzer, am 7.10.1988 (Götz Hütt, Hans Georg Schwedhelm). Sammlung des Verfassers.

Interview mit Rozalia Popovici, geb. Benedek, 1996 (Gedenkstätte Buchenwald). Gedenkstätte Buchenwald, Abt. Frauen-Außenkommandos.

Interview (Fragebogen) mit Rozalia Popovici, geb. Benedek, o. J. Gedenkstätte Buchenwald, Abt. Frauen-Außenkommandos.

Interview mit der ehemaligen Aufseherin U.,1989 (Götz Hütt). Gedächtnisprotokoll in der Sammlung des Verfassers.

Interview mit Karl V. und Stadtdirektor Krukenberg am 24.1.1983 (Stadtarchivar Dr. Wojtowytsch). StadtA Duderstadt: 1984 in der Handakte des Stadtarchivars. Kopie in der Sammlung des Verfassers.

Interview mit Helena Wild, geb. Ica Gürtler, am 20.7.1989 (Götz Hütt). Sammlung des Verfassers.

Lageplan „Grundstück Steinhoff Barackenanlage" 1942. StadtA Duderstadt: 1984 in der Handakte des Archivars, Kopie in der Sammlung des Verfassers.

Meldung des Kommandoführers Reißig an den Arbeitseinsatz des KL Buchenwald vom 27.1.45. Kopie in der Gedenkstätte Buchenwald, Abteilung Frauenaußenkommandos.

Neuzugänge des KZ Buchenwald vom 24. November 1944. ITS, Kopie: Ministère de la Justice, Bruxelles.

Neuzugänge vom 3. März 1945. Vermerk der Politischen Abteilung des KZ Buchenwald. ITS Arolsen, Kopien: Yad Vashem, Gedenkstätte Bergen-Belsen. Monatsaufstellung Polte-Werke Dezember 1944. Gedenkstätte Buchenwald, Abt. Frauenaußenkommandos.

Nummernverteilung bei den weiblichen Außenkommandos. Aktenmaterial der zentralen Stelle der Landesjustizverwaltungen in Ludwigsburg. (Kopie aus Vaupel 1984, S. 72.)

Protokolle von Aussagen 1945, aufgenommen im DEGOB /Heim des Landeskomitees für Deportiertenfürsorge, Budapest:
Ellenbogen, Eszter (3. Juli 1945); Farkas, Gabrielle und Rózsa (2. Juli 1945); Fuchs, Babetta (6. Juli 1945); Hoffmann, Arminné (4. Juli 1945); Farkas ,Bella und Rózsi (22. Juni 1945); Kalisch, Eszter (24. Juli 1945); Löwensohn, Ella und acht weitere Frauen (1. Juli 1945); Löwinger, Anna (2. Juli 1945); Philipp, Ilona (2. Juli 1945); Reich, Erzsébet und Jolán (2. Juli 1945); Sámuel, Bella und Paula (22. Juli 1945); Szepesi, Lucia (31. Oktober 1945). – Die Originale befinden sich im Nationalen Jüdischen Museum in Budapest. Fotokopien der Originale sowie Übersetzungen ins Deutsche teils StadtA Duderstadt, SM 1 Nr. 35, teils in der Sammlung des Verfassers. Die Übersetzungen wurden zum Teil vom MPI für Geschichte in Göttingen besorgt, zum Teil von Helena Wild auf Tonband gesprochen und danach aufgeschrieben.

Protokoll 1949 der Vernehmung des W. S. StadtA Duderstadt: 1984 in der Handakte des Archivars. Kopie in der Sammlung des Verfassers.

Reichsbetriebskarte des Polte-Werkes Duderstadt. BA R3/2008.

Schreiben der Landesbauernschaft Niedersachsen vom 28. Juli und 21. September 1939 an das Bischöfliche Generalvikariat in Hildesheim. Archiv des Bistums Hildesheims, Akte St. Cyriakus Duderstadt.

Übersicht über Anzahl und Einsatz der weiblichen Häftlinge des Konzentrationslagers Buchenwald am 15. November 1944 / am 7. März 1945. Gedenkstätte Buchenwald, Abt. Frauen-Außenkommandos. – BA 46-1-14.

Überstellung eines weiblichen Häftlings von Akdo Polte-Duderstadt nach KL Bergen-Belsen. Vermerk der Politischen Abteilung des KZ Buchenwald vom 3. Februar 1945. ITS Arolsen, Kopie: Yad Vashem.

Zusammenstellung des KZ Buchenwald über den Arbeitseinsatz der Häftlinge des Außenkommandos Duderstadt im Dezember 1944, Abt. Frauen-Außenkommandos der Gedenkstätte Buchenwald.

Literaturverzeichnis:

Adler, Hans Günther 1955: Theresienstadt 1941-1945. Das Antlitz einer Zwangsgemeinschaft. Tübingen.

Akten deutscher Bischöfe. Über die Lage der Kirche 1933-1945. Bd. V, 1940-1942, bearbeitet von Ludwig Volk. Mainz.

Anders, Günter ²1985: Besuch im Hades. Auschwitz und Breslau 1966. Nach <Holocaust> 1979. München.

Baranowski, Frank 1995: Geheime Rüstungsprojekte in Südniedersachsen und Thüringen während der NS-Zeit. Duderstadt.

Blatman, Daniel 2002: Die Todesmärche – Entscheidungsträger, Mörder und Opfer. In: Herbert/Orth/Dieckmann 2002, S.1064-1092.

Broszat, Martin 1984 (4. Auflage): Nationalsozialistische Konzentrationslager 1933-1945. In: Anatomie des SS-Staates. Frankfurt/M, Bd. 2, S. 11-133.

Buber-Neumann, Margarete 1958 (¹1949): Als Gefangene bei Stalin und Hitler. Stuttgart .

Buchenwald. Mahnung und Verpflichtung. Dokumente und Berichte. Herausgegeben vom Internationalen Lagerkomitee. Berlin (Ost), 1961.

Chiampo, Beppi 2005, hrsg. Von Günther Siedbürger: Überleben mit Bleistift und Papier. Göttingen.

Czech, Danuta 1986: Konzentrationslager Auschwitz – Précis d'Histoire. In: Auschwitz. Camp hitlérien d'extermination. Warschau, 2. Aufl., S. 11-44.

Denzler, Georg/Fabricius, Volker 1984: Die Kirchen im Dritten Reich. Christen und Nazis Hand in Hand? Frankfurt.

Ebeling, Hans-Heinrich / Hans-Reinhard Fricke 1992: Duderstadt 1929 - 1949. Untersuchungen zur Stadtgeschichte im Zeitalter des Dritten Reichs. Vom Ende der Weimarer Republik bis zur Gründung der Bundesrepublik Deutschland. Duderstadt.

Ferencz, Benjamin 1986: Lohn des Grauens. Die Entschädigung jüdischer Zwangsarbeiter. Ein offenes Kapitel deutscher Nachkriegsgeschichte. Frankfurt.

Garbe, Detlef 2002: Die Täter. Kommentierende Bemerkungen. In: Herbert, Orth, Dieckmann 2002, S. 821–838.

Grosse, Heinrich/Otte, Hans/Perels, Joachim 1996: Bewahren ohne zu Bekennen? Die hannoversche Landeskirche im Nationalsozialismus. Hannover.

Gerlach, Christian/Aly, Götz 2004: Das letzte Kapitel. Der Mord an den ungarischen Juden 1944-1945. Frankfurt am Main.

Haase, Enno 1984: Die Evangelischen in Duderstadt. Duderstadt.

Heimatgeschichtlicher Wegweiser zu Stätten des Widerstandes und der Verfolgung 1933-1945, Bd. 2, Niedersachsen I, hrsg. vom Studienkreis zur Erfassung und Vermittlung des Widerstandes 1933-1945 und dem Präsidium der Vereinigung der Verfolgten des Naziregimes – Bund der Antifaschisten, Köln 1985.

Herbert, Ulrich / Orth, Karin / Dieckmann, Christoph (Hrsg.) 2002: Die nationalsozialistischen Konzentrationslager. Entwicklung und Struktur. Frankfurt.

Hilberg, Raul 1982: Die Vernichtung der europäischen Juden. Berlin.

Jäckel, Eberhard/Longerich, Peter/Schoeps, Julius H. o. J.: Enzyklopädie des Holocaust. München, Zürich.

Jäger, Julius 1910: Wie sind die Duderstädter zu dem Spitznamen Anreischken gekommen? In: Heimatland 1910, S. 60/61.

Boegehold, Franz 1974: „Anreischken, kumm rut mit en Speite!" In: Die goldene Mark, 1974, S. 21 ff.

Klewitz, Bernd 1986: Die Arbeitssklaven der Dynamit Nobel. Schalksmühle. Konzentrationslager. Dokument F 321 für den Internationalen Militärgerichtshof Nürnberg. Herausgegeben vom Französischen Büro des Informationsdienstes über Kriegsverbrechen, 2. Auflage, Frankfurt 1988.

Krausnick, Helmut 1984 ([1]1967): Judenverfolgung. In: Anatomie des SS-Staates, S. 235-366. Frankfurt/Main.

Kogon, Eugen o. J. ([1]1946): Der SS-Staat. Das System der deutschen Konzentrationslager. Lizenzausgabe, Gütersloh.

Kolb, Eberhard 2002: Bergen-Belsen. Vom >Aufenthaltslager< zum Konzentrationslager 1943-1945. 6. Auflage, Göttingen.

Das nationalsozialistische Lagersystem. Herausgegeben von Martin Weinmann, 2. Auflage 1990, Frankfurt.

Lamm, Hans 1984: Die Juden im >Dritten Reich<. In: Deutsche Geschichte, herausgegeben von Heinrich Pleticha, Band 11, S. 302-324. Gütersloh.

Lerch, Christoph 1979: Duderstädter Chronik von der Vorzeit bis zum Jahre 1973. Duderstadt.

Meyn, Kathrin/Grosse, Heinrich 1996: Kirche im Krieg. Die Haltung der hannoverschen Landeskirche im Zweiten Weltkrieg. In: Grosse/Otte/Perels (Hrsg.) 1996, S.429-460.

Mitscherlich, Alexander und Margarete ([1]1968): Die Unfähigkeit zu trauern. Grundlagen kollektiven Verhaltens. Lizenzausgabe, Gütersloh o. J.

Nellessen, Bernd 2003: Die schweigende Kirche. Katholiken und Judenverfolgung. In: Büttner, Ursula (Hrsg.) 2003: Die Deutschen und die Judenverfolgung im Dritten Reich, S. 305-319. Frankfurt.

Obenaus, Herbert 2002: Der Kampf um das tägliche Brot. In: Herbert/Orth/Dieckmann 2002, S. 841 – 873. Frankfurt.

Piper, Franciszek 1986: Extermination. In: Auschwitz. Camp hitlérien d'extermination. Warschau, 2. Aufl., S. 91-140.

Pischke, Gudrun 1992: Von Auschwitz nach Duderstadt. Zwangsarbeiter bei den Poltewerken. In: Ebeling/Fricke 1992, S. 281-292.

Poloncarz, Marek 1999: Die Evakuierungstransporte nach Theresienstadt (April - Mai 1945). In: Theresienstädter Studien und Dokumente, hrsg. von Miroslav Kárný und Raimund Kemper, Prag 1999, S. 242-262.

Ragwitz, Renate 1984: Die Frauenaußenkommandos des Konzentrationslagers Buchenwald. In: Buchenwaldhefte, Weimar-Buchenwald 1984.

Schäfer-Richter, Uta 1992: Die jüdische Bevölkerung in Duderstadt in der Zeit des Nationalsozialismus. In: Ebeling/Fricke 1992, S. 251-267.

Schwan, Gesine 1997: Politik und Schuld. Die zerstörerische Macht des Schweigens. Frankfurt.

Schwarz, Gudrun 2002: Frauen in Konzentrationslagern – Täterinnen und

Zuschauerinnen. In: Herbert, Ulrich / Orth, Karin / Dieckmann, Christoph (Hrsg.) 2002, Band II, S. 800-821. Frankfurt.

Schwarz, Gudrun 1996: Die nationalsozialistischen Lager. Frankfurt.

Schlenker, Claudia 1988: Frauen in nationalsozialistischen Konzentrationslagern. www.ub.uni-konstanz.de/volltexte/1999/186/pdf/186_1.pdf

Seidel, Irmgard 2001/2002: Weibliche Häftlinge des KZ Buchenwald in der deutschen Rüstungsindustrie. Teil I in: Informationen 54 (2001), S. 16-23. Teil II in: Informationen 55 (2002), S. 23-29.

Siebert, Heinz 1982: Das Eichsfeld unterm Hakenkreuz. Eine Dokumentation. Ohne Ort.

Sofsky, Wolfgang 2004 (5. Auflage) Die Ordnung des Terrors: Das Konzentrationslager. Frankfurt/M.

Staeck, Klaus /Adelmann, Dieter 1977: Eine Zensur findet gelegentlich statt. Göttingen.

Strebel, Bernhard 2003: Das KZ Ravensbrück. Geschichte eines Lagerkomplexes. Paderborn, München, Wien, Zürich.

Szücs, Ladislaus 1998: Zählappell. Als Arzt im Konzentrationslager. Frankfurt.

Tollmien, Cordula 2001:Das KZ-Außenkommando Buchenwald in Göttingen. www.cordula-tollmien.de/buchenwald.html

Vaupel, Dieter [2]1984: Das Außenkommando Hess. Lichtenau des Konzentrationslagers Buchenwald. Eine Dokumentation. 2. Auflage, Kassel.

Vermehren, Isa 1979: Reise durch den letzten Akt. Reinbek.

Vorläufiges Verzeichnis der Konzentrationslager und deren Außenkommandos sowie anderer Haftstätten unter dem Reichsführer SS in Deutschland und deutsch besetzten Gebieten (1933-1945. Internationaler Suchdienst, Arolsen, Februar 1969.

Waldhelm Franz 1988: Juden- und Kirchenpolitik im Dritten Reich. Interdependenzen aus der Sicht des Eiochsfeldes. In: Eichsfelder Heimatstimmen, Heft 9, Jahrgang 1988.

Wenck, Alexandra-Eileen 2000: Zwischen Menschenhandel und >Endlösung<: Das Konzentrationslager Bergen-Belsen. Paderborn, München, Wien, Zürich.

Wiesel, Elie 1986: Die Nacht zu begraben, Elischa. München und Eßlingen. Sonderausgabe aus Anlass der Verleihung des Friedensnobelpreises.

Wolfrum, Edgar 2004 (2. Auflage): Die Suche nach dem »Ende der Nachkriegszeit«. Krieg und NS-Diktatur in öffentlichen Geschichtsbildern der »alten« Bundesrepublik Deutschland. In: Cornelißen, Christoph/Klinkhammer, Lutz/ Schwentker, Wolfgang (Hrsg.) 2004 (2. Auflage): Erinnerungskulturen. Deutschland, Italien und Japan seit 1945. Frankfurt.

Wüstefeld, Karl 1929: 1000 Jahre Duderstadt. Geschichte der Stadt Duderstadt. Duderstadt.